KU-586-045

Llyfrgelloedd Caerdydd
www.caerdydd.gov.uk/llyfrgelloedd
Cardiff Libraries
www.cardiff.gov.uk/libraries

DIM RŴAN
NA NAWR

HANES CYMRU
DRWY'R
OESOEDD

ACC. No: 05139198

Argraffiad cyntaf: 2020

© Hawlfraint Tudur Owen, Dyl Mei, cyfranwyr unigol a'r Lolfa Cyf., 2020, gyda chydweithrediad BBC Radio Cymru

Mae hawlfraint ar gynnwys y llyfr hwn ac mae'n
anghyfreithlon llungopïo neu atgynhyrchu unrhyw ran ohono trwy
unrhyw ddull ac at unrhyw bwrpas (ar wahân i adolygu) heb gytundeb
ysgrifenedig y cyhoeddwyr ymlaen llaw

Dymuna'r cyhoeddwyr gydnabod cymorth ariannol
Cyngor Llyfrau Cymru

Cynllun y clawr a dylunio: Dylunio GraffEG

Diolch i'r cyfranwyr sydd wedi rhoi caniatâd
i gyhoeddi eu geiriau yn y gyfrol hon.

Hawlfraint lluniau. Tudalen 40, 50, 60, 63, 70: Iestyn Hughes. Tudalen 29: Dewi Prysor. Tudalen 46: Chris Gunns.

Derbyniwyd caniatâd i gyhoeddi'r lluniau yn y gyfrol hon.
Ond, yn achos rhai, er ymchwilio, ni chanfuwyd pwy sydd berchen yr hawlfraint.
Cysylltwch â'r wasg os am drafod ymhellach.

Rhif Llyfr Rhyngwladol:
978 1 78461 950 3

Cyhoeddwyd ac argraffwyd yng Nghymru
ar bapur o goedwigoedd cynaliadwy gan
Y Lolfa Cyf., Talybont, Ceredigion SY24 5HE
e-bost ylolfa@ylolfa.com
gwefan www.ylolfa.com
ffôn 01970 832 304
ffacs 01970 832 782

DIM RŴAN NA NAWR

HANES CYMRU DRWY'R OESOEDD

TUDUR OWEN A DYL MEI

CYNNWYS

RHAGAIR

Mae'r dwsin o bobl sy'n gwrando ar fy rhaglenni ar BBC Radio Cymru yn gyfarwydd â'r ffaith fy mod i'n hoff iawn o siarad am hanes. Pob math o hanes – hanes diweddar, hanes hynafol, hanes cenedlaethol a hyd yn oed hanes teuluol. Ond yn anffodus, tydi lefel fy mrwdfrydedd ddim yn gyfartal â lefel fy ngwybodaeth, yn enwedig lle mae hanes Cymru yn y cwestiwn. Felly roedd y rheswm dros recordio'r gyfres o bodlediadau, *Dim Rŵan na Nawr*, yn gwbl hunanol. Yn syml, yr awydd i ddysgu am hanes fy ngwlad.

Wrth lwc, mae fy ffrind, a chynhyrchydd y rhaglen, Dyl Mei, yr un mor awyddus ac anwybodus â minnau, felly dyma daro ar syniad o greu podlediad. Rhoi gwahoddiad i rai o haneswyr gorau Cymru i roi cyfres o wersi preifat i ni, eu recordio, ac yna eu rhannu ar y we. Un o'r syniadau gora i mi ei gael erioed!

Mae'r cwestiynau 'da ni'n eu gofyn i'r arbenigwyr yn rhai elfennol iawn. Y math o gwestiynau sy'n cael eu gofyn gan bobl nath ddim gwrando yn yr ysgol.

Ond lle neu pryd i ddechrau? Gan ein bod wedi penderfynu recordio chwech podlediad yn canolbwyntio ar chwe chyfnod gwahanol o'n hanes, y peth synhwyrol i wneud oedd eu gosod yn nhrefn amser. Dyma benderfynu dechrau ein siwrne gyda chwestiwn syml – 'Pwy oedd y bobl gyntaf yng Nghymru?' Ond wrth gwrs, fel y gwnewch chi glywed a darllen yn *Dim Rŵan na Nawr*, 'tydi hanes fyth mor syml â hynny.

Dwi wedi dysgu cymaint o gael bod yn rhan o'r gyfres yma. Mae gen i well syniad am drefn ein cyfnodau hanesyddol a lle yn union mae petha'n ffitio yn ein llinell amser. Hefyd, mi ddysgais fod haneswyr yn gorfod dadansoddi'r gorffennol er mwyn cael at y gwir, drwy edrych a gwrando ar dystiolaeth o nifer fawr o ffynonellau cyn medru dod i gasgliad am be ddigwyddodd go iawn. A hyd yn oed wedyn mae darganfyddiadau a damcaniaethau newydd yn cael eu cynnig drwy'r amser sydd weithiau yn medru troi ein llyfrau hanes, a 'falle'r gyfres yma, ben ucha'n isa'.

Y peth mwyaf cyffrous dwi wedi ei ddarganfod fodd bynnag, ydi fod gen i gymaint mwy i ddysgu am ein hanes, a bod y gyfres yma fel rhyw garreg fflat wedi ei thaflu ac sy'n bownsio chwe gwaith ar wyneb pwll diwaelod o wybodaeth. Dwi wir yn gobeithio y cawn blymio unwaith eto i'r pwll hanes yma mewn cyfresi newydd yn y dyfodol, ond am y tro dwi'n gobeithio y gwnewch fwynhau'r cydymaith yma sy'n cynnig mwy o gig ar y sgerbydau ac sy'n cyfoethogi'r podlediadau yn arw.

Mae'r ymateb i'r gyfres wedi bod yn wych, ac mae'r gwrandawyr yn amlwg wedi rhyfeddu a chyffroi yn union fel y gwnes i a Dyl wrth wrando ar yr arbenigwyr yn cyflwyno hanes ein gwlad i ni. Hanes sydd, dwi'n credu, wedi cael ei anwybyddu ac sy'n disgwyl i ni ei ddarganfod.

Mae hanes ein gwlad yn wirioneddol ryfeddol. Mae'r fraint o gael dysgu am Gymru'r gorffennol wedi gwneud i mi werthfawrogi Cymru'r presennol, ond yn bwysicach 'falle, yn rhoi gobaith mawr i mi am Gymru'r dyfodol.

Tudur Owen, Hydref 2020

Y BOBL GYNTAF YNG NGHYMRU

Hanes Cymru sydd dan sylw. Rydan ni am ddechrau yn y dechrau. Ond tydi pethau ddim cweit mor syml â hynny. Mae'n anodd gwybod lle yn union mae'r dechrau...

Mae'r gorffennol dynol yng Nghymru wedi'i rannu'n nifer o wahanol gyfnodau. Mae archeolegwyr yn dosbarthu'r cyfnodau hyn yn seiliedig ar wahaniaethau mewn diwylliant deunyddiau (fel y gwrthrychau a ddefnyddir gan bobl) dros amser.

Mae'r gwahaniaethau yn adlewyrchu sut yr oedd pobl hynafol yn adeiladu eu tai, yn claddu eu meirw ac yn arfer eu crefydd. Nid yw'r cyfnodau hyn yn sefydlog a gallent gael eu newid trwy ddarganfyddiadau neu trwy ailddehongli darganfyddiadau archeolegol.

MWY DIWEDDAR	
	Yr Oes Haearn
	Yr Oes Efydd
	Neolithig
	Mesolithig
	Palaeolithig
	Hen Oes y Cerrig
	Oes y Cerrig

YR ARBENIGWYR:

DR FFION REYNOLDS

DR MATH WILLIAMS

Ogof Bontnewydd

Ymysg y darganfyddiadau roedd dannedd sy'n nodweddiadol o ddynion Neanderthalaidd cynnar, esgyrn dynol, esgyrn anifeiliaid a bwyelli cerrig. Mae'n profi fod pobl wedi bod yng Nghymru tua chwarter miliwn o flynyddoedd yn ôl.

Llanelwy

Mae Ogof Bontnewydd ger Llanelwy

Be ydi'r dystiolaeth gynharaf o fywyd dynol yma yng Nghymru?

Mae'r dystiolaeth gynharaf yn dod o'r cyfnod Palaeolithig ac o Ogof Bontnewydd.

Y CYFNOD PALAEOLITHIG

GWNEUD SYNNWYR O OES YR IÂ

Oeddech chi'n gwybod i rew o oes iâ'r Pleistosén (2.6 miliwn o flynyddoedd yn ôl hyd at 12,000 o flynyddoedd yn ôl) ymestyn i orchuddio'r wlad ac yna cilio chwech neu saith o weithiau? Ni cheir tystiolaeth o bob gorchuddiad a dadorchuddiad iâ gan fod y gorchuddiad diweddaraf fwy neu lai yn ysgubo ymaith pob cofnod o'r diwethaf.

Ond mae ganddon ni rywfaint o dystiolaeth. Ceir tystiolaeth o fodolaeth llawer o anifeiliaid a'r dystiolaeth gyntaf o gladdu a hynny mewn ogof ym Mhenrhyn Gŵyr sy'n dyddio tua 26,000 o flynyddoedd yn ôl. Yn y cyfnod hwn, roedd rhew yn dal i fod yma ac roedd ceffylau, ceirw coch, udfilod, mamothiaid a rheinos ar y tir.

TERM ALLWEDDOL

Palaeolithig:
Y cyfnod cynharaf o Hen Oes y Cerrig. Roedd y cyfnod Palaeolithig tua 227,000 o flynyddoedd yn ôl.

Ogof Pafiland

Caiff ogof Pafiland (neu Ogof Pen-y-Fai) ym Mhenrhyn Gŵyr ei hystyried fel un o ogofâu mwyaf arwyddocaol y cyfnod Palaeolithig.

Abertawe

Ogof Twll yr Afr lle darganfuwyd 'Dynes Goch Pafiland' (darlun 1823)

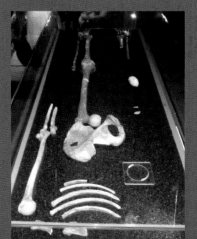

Yno fe ddarganfuwyd bwyelli llaw, dannedd bleiddiaid, esgyrn eirth ac yn fwy nodedig, sgerbwd 'Dynes Goch Pafiland'. Er gwaethaf yr enw, sgerbwd dyn tua 21-25 ydyw. Paentiwyd ei sgerbwd â lliw ocr coch – er mwyn ei amddiffyn rhag pwerau drwg mae'n debyg.

Ysgerbwd 'Dynes Goch Pafiland'

CWESTIYNAU DYRYS DYL!

Gan gofio fod lefel y môr yn codi oherwydd bod yr iâ yn toddi, ydi hynny'n golygu, dros amser, ein bod wedi colli tir yng Nghymru ac oedd pobl yn byw yn bellach allan yn y môr miloedd o flynyddoedd yn ôl?

Bryd hynny, roedd y môr ymhellach o'r tir fel yn achos Ogof Pafiland. Tua 20,000 o flynyddoedd yn ôl, roedd lefel y môr tua 120 metr yn is nag ydi o heddiw. Mae hynny'n golygu y byddai rywun wedi gallu cerdded i Iwerddon fwy neu lai. Roedd darn o fôr cul rhyw 5 neu 10 milltir yno.

Roedd yr arfordir yn rhedeg, fwy neu lai, mewn llinell syth o dde Sir Benfro i lawr i'r ynys Wair (Lundy). Roedd degau o filltiroedd o dir fflat yn y man lle mae sianel Bryste erbyn hyn. Roedd y tir hwnnw yn gorsiog ac yn llawn afonydd. Roedd pobl yn byw yno ac yn mynd am gysgod i'r mynydd agosaf neu'r ogof agosaf, fel yn achos Pafiland.

Yn sicr, roedd rhywun yn gallu cerdded o Ddwyrain Lloegr draw i Ffrainc, i'r Iseldiroedd a draw i'r Almaen oherwydd roedd tir yno – Doggerland (Doggerbank mewn termau pysgota). Yno fe ddarganfuwyd olion pobl ac mae pysgotwyr wedi darganfod gweddillion archeolegol ac esgyrn wedi cael eu prosesu gan ddyn.

Cwestiwn masif gen i, fysa Ynys Môn wedi bod yn styc i'r tir mawr?
Bysa! Ond ar un adeg mi oedd 'na afon aruthrol yn mynd drwy'r Fenai oherwydd mi oedd na lyn mawr tua'r gogledd. Wrth i'r iâ, fyny ym Manaw a'r Alban doddi, roedd llyn anferth wedi datblygu i'r gogledd o arfordir gogledd Cymru ac roedd y llyn yn gwagio'n afon drwy'r Fenai. Ar lannau'r Fenai, i'r gogledd o Fiwmares, am Ynys Seiriol a Phenmon, mae modd gweld craig ac olion tonnau tywod yn y gro. O'u hastudio, ceisiwyd amcangyfrif maint llif yr afon a chredir ei bod hi mor fawr ag Afon y Mackenzie yn Alaska pan oedd hi'n ei llawn lif. Felly, roedd yr afon yn gwneud tua 80-100 metr ciwb yr eiliad (*cubic metre per second*). Roedd hi'n afon aruthrol oedd yn cario lot o waddol.

Mi gododd lefel y môr wedi hyn a daeth yr arfordir yn debycach i'r hyn ydi o heddiw. Erbyn 8,000 o flynyddoedd yn ôl roedd lefel y môr tua 15 metr yn is nag y mae heddiw. Erbyn 7,000 o flynyddoedd yn ôl, roedd tua 4 metr yn is nag y mae heddiw. Felly roedd lefel y môr wedi codi'n

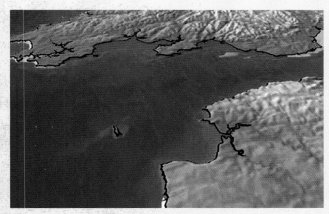

Y newid ym môr Hafren rhwng diwedd y cyfnod Palaeolithig (chwith) a'r cyfnod Mesolithig (dde)

aruthrol o gyflym. Collwyd tiroedd hela a llefydd byw o genhedlaeth i genhedlaeth. O 7,000 i 4,000 o flynyddoedd yn ôl, dim ond tua 3 metr arall y cododd lefel y môr a chodi 1 metr arall o hynny tan heddiw.

Ond beth am yr iâ?

Yn ystod cyfnod Pafiland, roedd ffin ddeheuol y llen iâ yn rhedeg drwy Sir Benfro, tua'r gogledd o Benrhyn Gŵyr a rhywle trwy dde ddwyrain Cymru.

Yn ystod y cyfnod hwn, ychydig iawn o bobl oedd yn byw yng Nghymru. Roedden nhw'n ymgynnull mewn grwpiau bychan neu'n deulu ac o bosib fod sawl teulu yn teithio gyda'i gilydd. Rhaid cofio fod pobl yn nomadig, hynny ydi, yn crwydro. Doedd pobl ddim yn aros yn yr un lle oherwydd roedden yn symud efo'r bwyd a'r tymhorau ac yn symud o amgylch y tirwedd yn hela a fforio.

Efallai mai un o'r rhesymau eu bod yn gorfod symud cymaint oedd oherwydd nad oedd byd natur wedi datblygu i'r hyn rydan ni'n gyfarwydd ag o heddiw. Doedd y coedwigoedd ddim wedi datblygu yn llawn erbyn hynny, doedd dim digon o amser wedi mynd heibio i greu pridd. Wrth i'r llen iâ doddi, creigiau noeth oedd oddi tano. Wrth i'r iâ doddi, roedd yn troi'n ddŵr a byddai'r dŵr yn prosesu'r clai ac yn ei sortio mewn gwirionedd. Felly roedd banciau o ro, tywod a chlai pur yn datblygu dros gyfnod o ddegau o flynyddoedd.

Byddai'r bobl yn hela rhywfaint ond mae'n debyg mai pysgota oedden nhw gan fwyaf – roedd yn haws dal cregyn na dal mamoth! Mae tystiolaeth o Ogof Kendrick wedi profi fod y bobl yn bwyta pysgod.

11

Ogof Kendrick

Ogof ar lethrau Pen-y-Gogarth, Llandudno, a enwyd ar ôl yr archeolegydd Thomas Kendrick. Wrth ymestyn ei weithdy, darganfyddodd Kendrick weddillion dynol ac anifeiliaid. Yno darganfuwyd yr hyn a ystyrir i fod y darn hynaf o gelf ym Mhrydain erioed sef asgwrn gên ceffyl wedi ei ysgythru â phatrymau igam-ogam sydd wedi'i ddyddio rhwng 10,000 ac 11,000 o flynyddoedd yn ôl.

Canfuwyd yr arteffact hwn, ynghyd ag esgyrn mochyn daear, arth, mochyn gwyllt, gafr a bison, ger gweddillion pedwar ysgerbwd dynol, ac maent i gyd yn dyddio i'r un cyfnod. O astudio'r esgyrn dynol, darganfuwyd bod ganddynt ddiet oedd yn cynnwys llawer o fwyd môr.

Canfuwyd bwyelli carreg a chyllyll wedi'u sgleinio ar y safle hefyd. Mae llawer ohonynt yn yr Amgueddfa Brydeinig erbyn hyn, ynghyd â'r safn ceffyl wedi'i ysgythru.

Roedd yr hyn a ganfuwyd yn rhan o ryw fath o offrwm defodol, a chredir mai gofod cysegredig oedd Ogof Kendrick yn hytrach na man lle'r oedd rhywun yn byw ynddo.

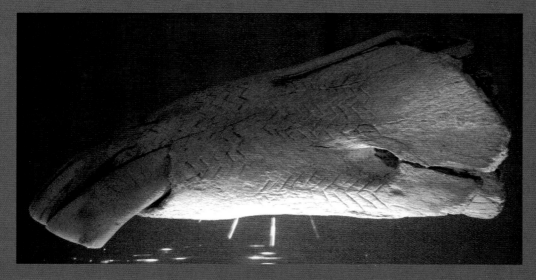

Asgwrn gên ceffyl wedi'i ysgythru a ddarganfuwyd yn Ogof Kendrick

Be fyddai'r bobl wedi'i wisgo yn y cyfnod yma?

Y broblem ydi tydi tystiolaeth organig ddim yn goroesi, dim ond pethau sydd yn anorganig fel cerrig ac esgyrn. Felly, mae'n rhaid i ni ddefnyddio'n dychymyg i feddwl be fyddai'r bobl wedi'i wisgo.

Pryd ddaeth diwedd oes yr iâ?

Wrth gwrs, fedrwn ni ddim dweud pryd yn union oedd diwedd oes yr iâ oherwydd tydi'r rhew i gyd ddim yn toddi dros nos. Credir bod yr iâ wedi toddi yng Nghymru erbyn 12,000 o flynyddoedd yn ôl ond yn amlwg, mi fyddai rywfaint o'r rhew wedi toddi cyn hynny, mewn llefydd fel Aberteifi neu Aberaeron oedd yn llefydd mwy arfordirol.

Y CYFNOD MESOLITHIG

Y BOBL

- Roedd y bobl Mesolithig yn byw bywyd crwydrol, gan hela anifeiliaid, chwilota am blanhigion a physgota ar hyd dyfroedd ac afonydd. Roedd afonydd yn gweithredu fel llwybrau pwysig – yn ffynhonnell barhaol o fwyd ac yn darparu mynediad trwy'r tirwedd coediog. Roedden nhw'n byw'n dymhorol felly roedden nhw'n deall yn eithaf da yr hyn roedd yr haul a'r lleuad yn ei wneud.

- Dyma'r tro cyntaf mewn hanes i bobl ddechrau trin y tirwedd. Dyma'r tro cyntaf i bobl ddechrau *newid* y tirwedd. Cyn hyn, mi fyddai'r bobl wedi bod ar drugaredd beth bynnag oedd yn cael ei daflu atynt.

Dewch i ni gamu o Gymru am y tro a mynd i'r Alpau. Ar y ffin rhwng Yr Eidal ac Awstria, ar uchder o 3,210m ym Medi 1991, darganfuwyd dyn a alwyd yn Ötzi. Mae'n debyg ei fod tua 45 mlwydd oed a'i fod wedi ei ladd gan rywun â'i saethodd yn ei gefn tua 5,300 o flynyddoedd yn ôl. Oherwydd ei fod wedi ei gadw yn y rhew drwy'r holl flynyddoedd, pan ddarganfuwyd o roedd o'n dal i wisgo dillad.

Roedd o'n gwisgo lot o ddillad lledr a bŵts wedi eu llenwi â mwsogl ar gyfer cadw'r traed yn gynnes. Roedd o'n gwisgo sawl haen o ddillad. Mae hynny'n profi fod y bobl hyn yn gwybod be oedden nhw'n gwneud a'u bod yn gallu goroesi tywydd garw.

TERM ALLWEDDOL

Mesolithig:
Roedd y cyfnod Mesolithig tua 13,000 o flynyddoedd yn ôl.

Dyma'r newid mwyaf yn hanes dynoliaeth yn fy marn i.

Ffion

13

- Roeddent yn creu gwrthrychau i ddelio â byd natur. Roedd y math o offerynnau a ddarganfuwyd yn ystod y cyfnod hwn yn cynnwys fflawiau a llafnau a ffurfiwyd yn fedrus o garreg fel fflint. Roeddent fel cyllyll modern a byddent wedi cael eu defnyddio ar gyfer amrywiaeth o dasgau, fel gwaith coed neu waith lledr a chigyddio anifeiliaid.

- O gloddiadau ar draws Cymru, rydym yn gwybod bod diet Mesolithig yn cynnwys llawer o bysgod a moch gwyllt. Roedd adar fel ysguthanod cadwynog, cyffylogod, grugieir a hwyaid yn cael eu hela hefyd. Roedd gan y bobl gynnar hyn ddealltwriaeth fanwl o'u hamgylchedd, ac roeddent yn casglu amrywiaeth eang o fwydydd planhigion, gan gynnwys cnau cyll.

- Roedd hi wedi cynhesu llawer yng Nghymru ac ar hyd y byd erbyn hyn.

- Roedd lefel y môr wedi codi ac mi gollwyd llawer o dir.

- O'r gwastraff rhewlifol, roedd olyniaeth naturiol wedi dod – o gen daeth mwsogl, ac yna ambell blanhigyn ac o hynny, fe ddaeth coedwigoedd. Roedd coed yn gorchuddio Cymru hyd at uchder o tua 300 i 600 o fetrau. Byddai wedi bod yn anodd teithio ar hyd y wlad ac mi fyddai'n haws i gerdded ucheldir na thir is oedd yn fwy corsiog a choediog.

Ydi hyn yn golygu fod pobl yn cydweithio yn well fel cymdeithas er mwyn trin byd natur yn well?

Yn sicr. Ceir tystiolaeth fod helwyr-gasglwyr Mesolithig yn byw dros Gymru rhwng 12,000 a 6,400 o flynyddoedd yn ôl. Mae gwasgariadau offerynnau carreg wedi cael eu canfod mewn lleoliadau fel Waun Fignen-Felen ym Mannau Brycheiniog a Thraeth Marros ymhellach i'r gorllewin. Mae olion anheddiad Mesolithig mwy sylweddol wedi ei ganfod yn Ynys Burry Holms, ychydig oddi ar Benrhyn Gŵyr ar yr arfordir deheuol.

Does yna ddim llawer o dystiolaeth Fesolithig yng Nghymru ond mae un safle yn Lloegr sef Star Carr, Swydd Efrog. Darganfuwyd anheddi yno ar gyrion llyn sy'n dyddio i tua 9,000 o flynyddoedd yn ôl. Er y dystiolaeth, credir fod y bobl yn parhau i symud gyda'r tymhorau ac i symud gyda'r bwyd.

Un o'r bwydydd oedd ceirw coch a byddai'r bobl yn defnyddio'r carw i gyd. Mi fydden nhw'n tynnu'r croen i ffwrdd ac yn gwneud dillad a basgedi ohono. Mi fydden nhw'n gwneud gwawyffyn o esgyrn y carw a'u defnyddio i bysgota. Felly roedd y carw yn cael ei ddefnyddio i fwyta, i wisgo ac i greu gwrthrychau ac offer.

Yn Star Carr, fe ddarganfuwyd penwisg a wnaed o benglog y carw coch.

Efallai ei fod yn cael ei ddefnyddio i hela ceirw, hynny yw, i ddrysu'r carw i feddwl nad person oedd yn ei hela. Neu efallai ei fod yn cael ei ddefnyddio mewn perfformiadau – efallai y byddai rhywun yn ceisio dynwared carw fel bod modd treiddio i'w feddwl er mwyn gallu darganfod lle i'w hela. Efallai hefyd ei fod yn cael ei ddefnyddio fel rhan o ddefod o ddiolch i'r carw am y cig a'r croen ayb. Gellir casglu fod perthynas agos rhwng pobl a cheirw.

Mae'n bosib bod y bobl yn meddwl yn debyg i anifeiliaid hyd yn oed. Yn syml, anifeiliaid oedd yr *ex humans*. Cyn i bobl fod yn fos ar y blaned, yr anifeiliaid oedd y bos!

Roedd y bobl yn trio datblygu dealltwriaeth o fyd natur. Roedden nhw'n trio pethau am y tro cyntaf ac yn canfod be oedd yn iawn i fwyta, be oedd ddim yn iawn i fwyta. Roedd yr holl beth i'w wneud gyda chreu 'stori' am y byd. Wrth i iaith ddatblygu, roedd modd iddyn nhw drafod gyda'i gilydd – rhannu gwybodaeth, trafod y byd, trafod sut roedden nhw'n creu gwrthrychau a dillad a rhannu'r 'stori'. Roedd hyn yn helpu'r genhedlaeth nesaf i oroesi.

15

Y CYFNOD NEOLITHIG

Roedd mwy o bobl yn byw yng Nghymru yn ystod y cyfnod Neolithig o'i gymharu â'r cyfnodau Palaeolithig a Mesolithig ond allwn ni ddim dweud faint yn union.

Erbyn y cyfnod Neolithig, roedd Prydain wedi dod yn ynys a lefel y môr tua 4 metr yn is nag ydi o heddiw felly roedd yr arfordir yn ddigon tebyg i'r hyn ydi o heddiw.

Yn ystod y cyfnod hwn, roedd llawer o bobl wedi mudo i Gymru ac yn bennaf i dde Lloegr o Ffrainc. Roedd cymdeithas yn sicr wedi mynd yn fyw cymhleth.

Nodweddir y cyfnod Neolithig yng Nghymru gyda dechreuad amaethyddiaeth. Dechreuwyd clirio ardaloedd sylweddol o goetir. Mae canlyniadau dadansoddiadau paill yn awgrymu bod rhannau o goedwigoedd Cymru wedi'u torri a'u clirio yn y cyfnod hwn er mwyn gwneud lle i gnydau a

da byw ac i godi adeiladau – a byddai'r broses honno'n cyflymu ac yn dwysáu wrth i'r cyfnod Neolithig ddirwyn i ben, ac ildio i'r Oes Efydd.

Mae'r bwyelli carreg Neolithig a ddarganfuwyd gan archeolegwyr yn enghreifftiau o'r offerynnau a allai fod wedi cael eu defnyddio i glirio coetir. Roedd y ffermwyr Neolithig hyn, a oedd bellach wedi ymgartrefu ar y tir, hefyd wedi dechrau adeiladu cartrefi sylweddol a beddrodau cywrain ar gyfer eu meirw. Mae llawer o'r beddrodau carreg hyn i'w gweld hyd heddiw, ond mae'n anoddach dod o hyd i arwyddion bywyd cartref gan nad ydynt yn goroesi ar yr wyneb.

TERM ALLWEDDOL

Neolithig: Roedd y cyfnod Neolithig tua 6,000 o flynyddoedd yn ôl.

Cyfnod	Amcangyfrif bras o'r nifer oedd yn byw yng Nghymru
Palaeolithig	1,000
Mesolithig	1,000-2,000
Neolithig	2,500-3,000

HENEBION

Beth ydi henebion?

Maen nhw fel capeli neu eglwysi mewn ffordd. Ynddynt fe gladdwyd cyrff– ond nid claddu un person a'i gau ond yr hytrach claddu mwy nag un corff. Byddai teuluoedd cyfan yn cael eu claddu yn y beddrodau – dynion, merched a phlant.

Cafodd beddrodau megalithig eu hadeiladu mewn cyfnod pan oedd trigolion Cymru yn byw mewn cymunedau bychain, yn defnyddio offer cerrig ac yn defnyddio dulliau hollol newydd ac arloesol o ffermio'r tir a chadw da byw.

Heddiw, mae'r fath fywyd yn gallu swnio'n syml ac yn ansoffistigedig o'i gymharu â'n ffordd ni o fyw. Fodd bynnag, mae tystiolaeth y beddrodau yn dangos nad oedd bywyd pawb yn syml yn ystod y cyfnod hwn.

Roedd adeiladwyr y cromlechi yn bobl fel ni a rhaid cofio eu bod yn rhoi gwerth arwyddocaol i amrywiaeth o bethau, fel y gwawn ni. Yn achos y bobl Neolithig, roeddent yn rhoi gwerth ar nodweddion tirweddol, arwyddocâd mytholegol a symbolaidd cerrig, mynyddoedd (fel Eryri), y môr ac afonydd, heb sôn am yr haul, y sêr a'r lleuad. Er na allwn ni ddirnad cymhelliad adeiladwyr y beddrodau, gallwn weld ôl eu ffordd o fyw a'u credoau ar hyd a lled Cymru heddiw.

Mae nifer o gromlechi enwog iawn yng Nghymru – fel Pentre Ifan, sydd â'i meini yn estyn tua'r nen. Ond mae'r dystiolaeth yn dangos i ni y byddai tomen o gerrig neu bridd yn gorchuddio'r rhan fwyaf o'r cromlechi yn ystod yr oes Neolithig a byddai'r cerrig wedi eu cuddio. Mae'r pridd hwnnw, gan amlaf, wedi diflannu dros y canrifoedd, gan adael y meini mawr oedd yn ffurfio'r siambr ei hun i ni eu gweld heddiw. Dyma beth fyddwn ni heddiw yn adnabod fel cromlechi – ond mewn gwirionedd, dim ond rhan o'r stori yw'r meini mawrion hyn.

Ceir 3 math o heneb Neolithig yng Nghymru.

1. **Beddrodau Hafren-Cotswold**. Mae'r rhain i'w canfod yn bennaf yn ne-ddwyrain Cymru, er enghraifft, Parc le Beors ym Mhenrhyn Gŵyr. Mae'r siamberi claddu hyn wedi eu gorchuddio gan domen betryal gan amlaf ac yn wynebu fwy neu lai i gyfeiriad y dwyrain.

2. **Beddrod Borth.** Mae'r rhain i'w canfod yn bennaf yng ngogledd-orllewin Cymru ac arfordir gorllewinol y de, er enghraifft, Pentre Ifan a Charreg Samson, Sir Benfro. Yn y math hwn, ceir tair carreg unionsyth ac un garreg anferth ar eu pen. Mae llawer o'r pridd oedd yn gorchuddio'r heneb a cherrig bychain oedd o amgylch y cerrig mwy wedi diflannu neu wedi eu symud erbyn hyn.

3. **Beddrod Cyntedd.** Mae'r rhain yn arbennig o nodweddiadol. Cânt eu canfod ar Ynys Môn, er enghraifft Bryn Celli Ddu a Barclodiad-y-Gawres. Mae'r rhain yn debyg iawn i siamberi claddu Neolithig enwog Iwerddon, fel Newgrange, Knowth a Dowth, yn Swydd Meath.

Bryn Celli Ddu

Mae'r beddrod cyntedd 'Bryn Celli Ddu' ym Mhentre Llanddaniel Fab, ger yr Afon Menai. Mae'r safle'n gorwedd uwchlaw'r afon Braint, sydd wedi torri drwy'r ddaeareg naturiol o sgistiau glas. Ffurfiwyd y cerrig hynny yn y cyfnod Cyn-Gambriaidd – sef tua 500 miliwn o flynyddoedd yn ôl.

Byddai wedi bod yn fan deniadol i'r bobl Neolithig weithio ac anheddu, fel y mae heddiw i raddau, gan fod cyflenwad dŵr gerllaw, pridd ffrwythlon sy'n addas i'w drin, ac amrywiaeth o ddefnyddiau lithig (i chi a fi – amrywiaeth o gerrig gwahanol) ar gael yn lleol.

Mae'n debyg mai Bryn Celli Ddu yw'r heneb gynhanesyddol fwyaf adnabyddus ar Ynys Môn. Mae hefyd yn un o'r safleoedd archeolegol mwyaf cofiadwy ym Mhrydain. Fel beddi cynhanesyddol eraill, fe gafodd ei hadeiladu i warchod gweddillion hynafiaid, ac i dalu teyrnged iddynt.

Wedi iddo gael ei archwilio o ddifrif am y tro cyntaf yn 1865, cloddiwyd y bedd yn llwyr yn 1928-29. Yn ystod y cloddiadau, datgelwyd rhywfaint o hanes hir a chymhleth y safle. Mae'n edrych yn debyg fod gwaith ar yr heneb wedi'i ddechrau yn y cyfnod Neolithig diweddar, tua 5,000 o flynyddoedd yn ôl. Roedd yn cynnwys bryncyn, nad yw yna bellach – ac roedd hwnnw o amgylch ffos fewnol, oedd yn amgylchynu cylch o feini unionsyth. Cylch cerrig bychan, os hoffech chi. Yn wreiddiol, roedd y ffos yn ddeuddeg metr mewn diamedr. Gellir gweld ymyl allanol y bryncyn hwn hyd heddiw, ac mae nifer o feini o'r cylch meini mewnol

wedi goroesi. Yn ddiweddarach, tuag at ddiwedd y cyfnod Neolithig, disodlwyd y cylch meini gan fedd cyntedd. Math o heneb gladdu oedd hon, a geir ar arfordir Iwerddon a chyn belled â Llydaw.

Mae bedd cyntedd Bryn Celli Ddu yn cynnwys cyntedd hir sy'n arwain at siambr garreg amlochrog. Yng nghyntedd y bedd, cafodd esgyrn dynol eu darganfod – rhai wedi'u llosgi, yn ogystal â chwarts, pennau saethau fflint, crochenwaith, a chregyn gleision.

Mae carreg wedi'i haddurno â phatrwm i'w chanfod ym Mryn Celli Ddu hefyd. Daethpwyd o hyd i'r garreg wrth bwll seremoni yng nghefn y siambr. Mae replica o'r garreg wedi'i gosod ar y safle. Mae'r un wreiddiol yn Sain Ffagan.

Yr hyn sy'n unigryw am Fryn Celli Ddu o'i gymharu â beddi eraill ar Ynys Môn (a Chymru i gyd) yw mai dyma'r unig un sydd wedi'i osod yn berffaith i gyd-fynd â'r haul, pan fydd yn codi ar ddiwrnod hiraf y flwyddyn. Yn y cyfnod Neolithig, byddai'r bobl yn dod i wylio'r foment hon. Efallai y cynhaliwyd rhyw fath o ŵyl ganol haf neu farchnad yno lle deuai gwahanol gymunedau i fasnachu a chyfnewid.

Roedd Bryn Celli Ddu fel calendr cyntaf i Gymru. Roedd yn darparu gwybodaeth o safbwynt y sêr a'r haul oedd yn galluogi'r bobl i wybod lle roedden nhw yn y flwyddyn ac er mwyn cael gwybod pryd roedd y tymhorau yn newid a phryd i blannu cnydau.

PWY OEDD Y CELTIAID?

Awn ni'n ôl i 5,000 o flynyddoedd cyn heddiw, tua faint o bobl oedd yn byw yng Nghymru ar y pryd?

TERM ALLWEDDOL

Carnedd: Pentwr neu domen o gerrig a godwyd fel beddrodau, yn aml i'w gweld ar ben mynyddoedd, er enghraifft; Carnedd Dafydd, Carnedd Llywelyn.

MWY DIWEDDAR ↑
Yr Oes Haearn
Yr Oes Efydd
Neolithig
Mesolithig
Palaeolithig
Hen Oes y Cerrig
Oes y Cerrig

YR ARBENIGWYR:

DR EURYN ROBERTS

DR OWAIN JONES

Tua 100,000 o bobl oedd yma. Mae'n anodd dweud yn union lle roedden nhw'n byw. Yn ddiddorol, yn stad ddiwydiannol Llandygai, fe ddarganfuwyd olion tŷ – ryw fath o dŷ hir ac roedd yn ddarganfyddiad pwysig oherwydd tydan ni ddim wedi darganfod lot o adeiladu domestig o'r cyfnod hwn. Mae wedi ei leoli ar yr iseldir, yn agos i'r môr a thua 6 metr o led ac 13 metr o hyd.

Mae ganddon ni lawer o olion o'r cyfnod yma, er enghraifft, carneddi ar ben mynyddoedd a chromlechi o gyfnod cynharach. Mewn gwirionedd, arwyddion o farwolaeth ydi'r rhain, felly rydan ni'n gwybod mwy am sut roedd pobl yn coffáu'r meirw nag am sut roedden nhw'n byw. Roedden nhw'n claddu pobl efo nwyddau fel diodlestri. Mae hynny'n dangos bod yna gred mewn byd arall neu gred mewn bywyd ar ôl marwolaeth. Pam gwastraffu deunydd gwerthfawr oni bai eu bod yn credu y byddai'n ddefnyddiol i'r person mewn byd arall? Os awn ni'n ôl i'r cyfnod Neolithig, roedd yna gromlechi, er enghraifft, Barclodiad y Gawres, ac mi oedd pobl yn cael eu claddu yno – yn gymuned gyfan gyda'i gilydd. Mae'n debyg ei bod yn gymdeithas eithaf egalitaraidd, hynny ydi, pobl ar yr un lefel â'i gilydd.

Ond roedd y carneddi yn wahanol. Roedden nhw'n dynodi statws un unigolyn – un person pwysig oedd yn cael ei gladdu yma. Felly, roedd yna ddatblygiad wedi digwydd i gymdeithas. Rhaid cofio hefyd fod hinsawdd y cyfnod yma'n well – tua 2 radd yn gynhesach nag ydi hi heddiw felly roedd yn bosib tyfu cnydau yn uwch ar yr ucheldir.

TERM ALLWEDDOL

Yr Oes Efydd:
Dechreuodd tua 4,500 o flynyddoedd yn ôl pan ymddangosodd metel am y tro cyntaf; copr i ddechrau, yna efydd sy'n gymysgedd o gopr ac ychydig o dun. Y gred wreiddiol oedd bod pobl wedi mewnfudo i Gymru gan ddwyn y dechnoleg newydd gyda nhw a disodli'r trigolion blaenorol. Erbyn hyn, nid yw'r rhan fwyaf o archeolegwyr yn credu fod hyn wedi digwydd ar raddfa fawr, ond yn hytrach fod y boblogaeth gynhenid wedi mabwysiadu'r dechnoleg newydd.

Sut oedd cymdeithas wedi esblygu erbyn hyn?

Mae arwyddion fod gan rai unigolion arbennig statws (pobl â dylanwad ac efallai awdurdod). Roedd cysylltiadau ac economi wedi datblygu. Roedden nhw'n gwneud mwy na gwarchod eu teuluoedd yn unig erbyn hyn. Roedd amaethyddiaeth wedi ffynnu – roedden nhw'n cynhyrchu mwy o ddeunydd na roedden nhw ei angen i gynnal eu teuluoedd ac felly roedden nhw'n dechrau masnachu. Dechreuodd y bobl droi o fod yn helwyr i bobl busnes.

Fymryn cyn dechrau'r Oes Efydd, roedd ffatri gwneud bwyelli o gerrig ym Mhenmaenmawr ac fe aed â'r cynnyrch cyn belled â Lloegr, De'r Alban ac Ulster. Roedd yr un cynhyrchu ar waith yn ystod yr Oes Efydd. Roedd angen copr i wneud efydd, felly mi ddechreuwyd cloddio. Roedd nifer o fwyngloddiau yng Nghymru yn cynhyrchu copr ar gyfer gwneud efydd – dyna wneid ym Mhen y Gogarth ger Llandudno, lle mwyngloddiwyd ar raddfa fawr. Defnyddiwyd y copr i gynhyrchu darnau o efydd yn lleol.

Tua diwedd yr Oes Efydd daeth arfau yn fwy cyffredin. Ymddengys fod llawer o'r rhain wedi eu gwneud tu allan i Gymru, ond roedd bwyelli a chelfi eraill o wneuthuriad lleol.

Pryd mae'r fryngaer gyntaf yn cael ei gweld?

Tua 3,000 o flynyddoedd yn ôl. Roedd y bryngaerau un ai yn ganolbwynt ar gyfer rheolaeth leol ac yn awgrymu bod y gymdeithas benodol yn trio ei gwarchod neu'n arwydd ac yn fodd o ddangos cyfoeth a statws. Mae'n rhaid hefyd ei fod yn arwydd o gystadleuaeth – cystadlu milwrol neu gystadlu o ran statws. Roedd cystadleuaeth oherwydd fod adnoddau wedi prinhau yn sgil newid i'r hinsawdd. Gwaethygodd y tywydd – roedd hi wedi oeri ac wedi mynd yn wlypach. Symudodd llawer o sefydliadau yn yr ucheldiroedd i dir is. Dechreuodd pobl yn y dyffrynnoedd fagu anifeiliaid a thorrwyd llawer o'r coed. Roedd pobl yn fwy ansicr, yn ymladd fwy ac fe gafwyd y datblygu o deuluoedd i lwythi mawr.

I ba raddau fedrwn ni sôn am Gymru fel uned?

Go brin fod syniad o Gymru fel uned yn bodoli yn y cyfnod cyn-hanesyddol

TERM ALLWEDDOL

Yr Oes Haearn: Dechreuodd tua 2,500 o flynyddoedd yn ôl. Oddeutu'r amser hwn yr ymddangosodd y celfi haearn cyntaf yng Nghymru.

o gofio mai darn o dir o fewn ynys fwy yw'r wlad. Er hynny, mae'n ddiddorol sylwi ar fap fod cymaint o fryngaerau cyn-hanesyddol wedi'u lleoli yn fras ar y ffin fodern rhwng Cymru a Lloegr. Ffin wleidyddol ydyw erbyn hyn, ond bu'n ffin ddaearyddol am lawer hirach.

Ceir gwahanol feintiau o fryngaerau yn dibynnu ar leoliad. Mae'r rhai sydd wedi'u lleoli yn y Gororau, draw am Arfon a thua Pen Llŷn, rhwng yr ucheldir a'r iseldir, yn eithaf mawr. Ond mae'r bryngaerau ar arfordir gorllewin Cymru yn eithaf bach felly roedd natur y gymdeithas yn wahanol mewn ardaloedd gwahanol. Mae'n anodd dweud faint yn union o bobl fyddai yn y bryngaerau hyn. Un ffordd o amcangyfrif ydi edrych ar faint o anheddau sydd mewn un fryngaer.

Yn Nhre'r Ceiri er enghraifft, roedd tua 150 o dai crwn. Byddai poblogaeth y llwyth ei hun yn llawer mwy oherwydd bod y bobl wedi sefydlu mewn bryngaerau eraill cyfagos hefyd. Roedd y bobl hyn yn llawer mwy abl na ni i fyw dan amgylchiadau anoddach.

Tydan ni ddim yn hollol sicr ar gyfer pa ddiben y defnyddid y bryngaerau hyn. Oedd y bobl yn mynd yno pan oeddent yn wynebu brwydrau? Oedden nhw'n mynd yno i ddathlu ac i gynnal marchnadoedd? Neu oedd o'n gyfuniad o'r pwrpasau hyn? Ni ellir bod yn sicr.

TERM ALLWEDDOL

Bryngaer: Caer wedi ei chodi ar ben bryn.

TRE'R CEIRI

Mae Tre'r Ceiri ar y mwyaf dwyreiniol o dri chopa Yr Eifl. Yno mae rhai o'r olion gorau o fryngaer o'r Oes Haearn.

Mae arwynebedd y gaer tua 2.5 hectar. Amgylchynwyd y fryngaer gan fur cerrig ac mae wedi ei gadw hyd at yr uchder llawn o 3.5 metr mewn mannau.

Adeiladwyd y gaer niwedd yr Oes Haearn. Roedd rhan gynharaf y gaer wedi ei hadeiladu o amgylch carnedd gladdu ar y copa sy'n dyddio o'r Oes Efydd Gynnar. Adeiladwyd ail wal allanol ddiweddarach yn ystod cyfnod goresgyniad y Rhufeiniaid. Mae'n bosib fod y llwyth lleol, y Gangani, yn defnyddio'r fryngaer yn ystod y cyfnod hwn.

CWESTIYNAU DYRYS DYL!

Oes 'na fodd dweud o'r olion gwahanol, faint rydan ni wedi ei golli? Hynny ydi, dwi'n dychmygu bod 'na ffermwyr wedi cydio mewn cerrig ac wedi creu wal ohonyn nhw heb feddwl am eu harwyddocâd gwreiddiol ac yn sgil hynny mae 'na dystiolaeth wedi cael ei cholli neu wedi diflannu?

Yn achos ardal dy fagwraeth di, wrth y Cob ym Mhorthmadog, mae llawer o olion cyn-hanesyddol ar ochrau'r bryniau gan fod talp go dda o'r Traeth Mawr wedi'i ennill o'r môr ar ddechrau'r bedwaredd ganrif ar bymtheg pan adeiladwyd y Cob. Un o'r rhesymau fod ardal Porthmadog mor gyfoethog o ran tystiolaeth ydi oherwydd bod y bobl yn symud yn ôl a blaen efo'r tymhorau – roedden nhw'n mynd fyny i'r mynyddoedd ac yna lawr, fel hafod a hendre. Wrth i'r bobl oroesi'n hirach, roedd y boblogaeth yn tyfu felly roedden nhw'n cael eu gwthio ymhellach allan i chwilio am fwy o dir.

Ar hyd y wlad yn y cyfnod hwn, roedd anheddau nad oedden nhw yn fryngaerau. Ym Mhen Llŷn, maen nhw wedi cloddio yn ardal Meillionydd ac wedi darganfod olion fferm i bob pwrpas. Yn ne-ddwyrain Prydain, datblygodd trefi parhaol. Creodd y bobl ddarnau arian eu hunain, wedi eu bathu yn enw brenhinoedd, llwythau frenhinoedd. Roedden nhw hefyd yn masnachu dros y sianel efo llwythau Celtaidd Ffrainc a Gwlad Belg.

Sut fath o fywyd fysa rhywun yng ngwaelod y domen, fel Dyl Mei, yn ei gael bryd hynny?!

Caethweision oedd ar waelod y domen gymdeithasol yn y cyfnod cyn-hanesyddol – pobl oedd y rhain wedi'u geni, efallai, i gaethweision, neu wedi dod i ddwylo eu perchnogion fel caethion rhyfel neu 'anrhegion' gan lwythi eraill. Roedd yna'n sicr gaethweision yn Ynys Môn oherwydd yn Llyn Cerrig Bach fe ddarganfuwyd hual sef tsiaen. Dywed rhai awduron Rhufeinig, er enghraifft Iŵl Cesar, fod y Celtiaid yn aberthu bodau dynol i'r duwiau.

TERM ALLWEDDOL

Annedd: trigfan, preswylfa, cartref.

LLYN CERRIG BACH

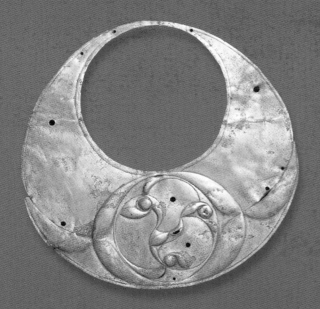

Llyn ger maes awyr y Fali yn Ynys Môn.

Yn 1942, darganfuwyd hual haearn a fwriadwyd ar gyfer caethweision yno. Ni sylweddolwyd fod yr hual yn hen, ac fe'i cefnyddiwyd i dynnu lorïau o'r mwd gyda thractor. Ymysg y darganfyddiadau eraill roedd cleddyfau, pennau gwaywffon, tarianau, darnau haearn a harnes ceffylau.

Roedd rhai o'r celfi yn waith lleol, roedd rhai wedi eu gwneud yn Iwerddon ac roedd llawer ohonynt wedi eu gwneud yn ne Lloegr. Mae'n debyg eu bod yn cael eu taflu i'r llyn fel offrymau. Efallai fod Llyn Cerrig Bach yn safle môr sanctaidd ac enwog fel bod llwythau pellennig yn gyrru offrymau yno. Ar y llaw arall, efallai fod y bobl leol wedi cael y celfi hyn trwy fasnach neu wedi eu cipio fel ysbail rhyfel.

TARDDIAD

Y broblem efo'r Celtiaid ydi ei bod hi'n anodd dweud lle yn union mae eu tarddiad. Y farn gyffredinol hyd yn weddol ddiweddar oedd bod y Celtaidd wedi cyrraedd Prydain ac Iwerddon wrth i nifer fawr o Geltiaid ymfudo yno o Ogledd Ewrop yn ystod yr Oes Haearn a disodli'r boblogaeth flaenorol. Barn llawer o ysgolheigion bellach yw na fu ymfudiad mawr o'r fath. Cred rhai bod y Celtaidd wedi bod yn bresennol yn yr ynysoedd ers yr Oes Efydd, ac awgryma Stephen Oppenheimer ar sail tystiolaeth ennynol y gallent fod wedi bod yno ers y cyfnod Neolithig hyd yn oed.

Erbyn yr Oes Haearn, roedd ganddon ni bobl ar y cyfandir yn cyfeirio at bobl fel y 'Celtiaid', hynny yw, roedden nhw'n bobl i bobl eraill.

LLWYTHAU

Ni chafwyd erioed, hyd y gwyddom, unrhyw fath o ymerodraeth Geltaidd. Yn hytrach, fe geid nifer o lwythau gwahanol. Rheolid y rhan fwyaf o'r llwythau hyn ganfrenhinoedd.

Wrth i ni edrych ar enwau'r llwythau, ceir tebygrwydd yn yr enwau yng nghoridor yr Iwerydd, sy'n mynd o orllewin Ffrainc, i fyny heibio Llydaw, rhwng Iwerddon a Chymru ac i fyny i'r Alban.

Un peth sy'n cysylltu'r coridor yma ydi'r môr – rhywbeth allweddol yn y cyfnod hwn. Mae'n debyg y byddai rhywun oedd yn byw ym Mhen Llŷn yn edrych allan tuag at Iwerddon. Mae'r gair Llŷn yn dod o'r gair Gwyddeleg sydd yn 'Lenister'. Wedi'r cyfnod Rhufeinig, ymsefydlodd rhai Gwyddelod yn Llŷn gan ddod â'u geiriau efo nhw. Mae'r gair 'Gwyddel' yn dod o air Cymraeg am 'gwyllt' ac mae'r gair Gwyddeleg 'Gael' yn fenthyciad o'r Gymraeg.

Roedd y Celtiaid yn aml yn cael eu portreadu fel barbariaid ond mae'n rhaid cymryd y disgrifiadau hyn gyda phinsiad o halen. Yng ngweithiau ysgrifenedig y byd clasurol, roedd y Celtiaid yn cael eu portreadu fel pobl o natur dda – doedd yna ddim yn aflan amdanyn nhw ond mi oedden nhw'n hoff o ymladd. Roedden nhw'n groesawgar iawn ond yn dueddol o fynd dros ben llestri efo gwin! Un o'r pethau mae'r Groegwyr yn cwyno amdano ydi bod y Celtiaid yn yfed gwin heb ddefnyddio dŵr. Ond rhaid cofio mai *sterotypes* ydi'r rhain hefyd!

Tydi lleisiau'r bobl yma ddim ganddon ni yn anffodus. Diwylliant llafar yn bennaf oedd diwylliant y Celtiaid ac rydym yn dibynnu felly ar awduron Rhufain a Groeg am dystiolaeth ysgrifenedig. Mae'n bwysig i ni edrych ar ddiwylliant materol – celfi'r Celtiaid er enghraifft – er mwyn cael darlun cytbwys o'u cymdeithas

Sut gymdeithas oedd hi?

Pan roedd y Rhufeiniaid yn sôn am gymdeithas y Celtiaid, roedden nhw'n sôn am drefn y gymdeithas – roedd tri dosbarth yn gyfrifol am grefydd a diwylliant sef y derwyddon, y beirdd a'r *vates*. Yn sicr, roedd y derwyddon yn bobl bwysig yn y gymdeithas. Fe geid lleoliadau arbennig i dderbyn hyfforddiant gan dderwyddon, er enghraifft, roedd Ynys Môn yn cael ei hystyried fel rhyw fath o bencadlys neu ganolfan dderwyddol. Roedd y derwyddon yn bwysig o ran credo ac roedd ganddyn nhw awdurdod ysbrydol. Efallai eu bod yn ymddwyn fel ynadon mewn ambell achos rhwng pobl ac efallai eu bod yn canfod gwragedd a gwŷr i bobl hefyd.

Roedd crefydd draddodiadol y Celtiaid yn cynnwys nifer fawr o dduwiau. Roedd rhai yn dduwiau lleol, a'u dylanwad wedi ei gyfyngu i lecyn arbennig. Roedd rhai duwiau eraill yn cael eu haddoli dros ardal eang iawn.

Yn yr Oesoedd Canol, mae'n amlwg fod rhyw gof gwlad am fyd cyn-hanesyddol y Celtiaid, gan mai byd o ddewiniaid ac ati ydi Cymru'r Mabinogi. Roedd yna rhyw fath o gof neu o leiaf ddealltwriaeth fod yna bobl yn byw lle oedd y môr ar un cyfnod. Mae nifer o'r cymeriadau, fel Lleu a Rhiannon, i bob golwg yn dduwiau Celtaidd wedi eu troi yn gymeriadau o gig a gwaed. Mae'r Mabinogi bron fel cloddfa archeolegol, sydd wedi cael ei defnyddio gan ysgolheigion i drio canfod tystiolaeth am y cyfnod.

Sut oedd y bobl yma'n cyfathrebu?
Roedden nhw'n siarad mamiaith y Gymraeg, Brythoneg. Mae'r llawer o'r

hyn rydan ni'n wybod am y Celtiaid yng ngeiriau'r Rhufeiniaid gofnododd bethau amdanyn nhw. Sonia'r Rhufeiniaid fod pobl Prydain a Ffrainc yn siarad yr un iaith er bod gwahanol ganghennau o'r brif iaith Geltaidd, felly roedd yna amrywiadau ieithyddol a thafodieithol. Ac efallai oherwydd y gwahaniaethau tafodieithol, ni fyddai pobl yn sylweddoli eu bod yn siarad yr un iaith.

Yn wahanol i'r rhan fwyaf o diriogaethau yn Lloegr, roedd y rhan fwyaf o diriogaeth Cymru o dan weinyddiaeth filwrol yn hytrach na gweinyddiaeth sifil Rufeinig. Mi lyncwyd Lloegr yn fwy i ddiwylliant Rhufeinig na Chymru.

Daeth y cyfnod cyn-hanesyddol i ben pan gyrhaeddodd y Rhufeiniaid.

PEDAIR CAINC Y MABINOGI

Casgliad o bedair chwedl a gofnodwyd yn ystod yr Oesoedd Canol ond sy'n deillio o'r traddodiad llafar. Y pedair chwedl yw Pwyll Pendefig Dyfed, Branwen ferch Llŷr, Manawydan mab Llŷr a Math fab Mathonwy.

Maent yn straeon canoloesol am y gorffennol oes haearn, cyn dyfodiad y Rhufeiniaid, trwy lygaid y Cymry canoloesol. Maent yn dangos syniadau cynhenid y Cymry canoloesol am y cyfnod pell yma.

PWY OEDD Y RHUFEINIAID CYNTAF YNG NGHYMRU?

Rydan ni wedi bod yn cael trafferth hoelio pryd mae'r cyfnodau gwahanol yma'n dechrau ond dwi'n falch o ddweud ei bod hi'n cael gafael ar y cyfnod yma.
Dewi, rho gefndir yr Ymerodraeth Rufeinig i ni i ddechrau.

MWY DIWEDDAR

- Oes y Tuduriaid
- Yr Oesoedd Canol Diweddar
- Oes y Tywysogion
- Yr Oesoedd Tywyll (Yr Oesoedd Canol Cynnar)
- Oes y Rhufeiniaid
- Cyn-hanes

YR ARBENIGWR:

DEWI PRYSOR

Mi sefydlwyd dinas Rhufain yn y flwyddyn 753 CC ac mi gafodd ei rheoli am ganrif a hanner gan gyfres o saith brenin gan dyfu yn Ddinas-Wladwriaeth bwerus. Ar ddiwedd teyrnasiad y brenin Tarquinius Superbus, yn 509 CC, mi wnaed Rhufain yn Weriniaeth. Parhaodd y Weriniaeth Rufeinig am bron i bedair canrif a hanner.

Daeth y Weriniaeth Rufeinig i ben yn y flwyddyn 45 CC, wedi i Iŵl Cesar ennill ei Ryfel Cartref (49-45 CC) yn erbyn y cadfridog Pompey, a gwneud ei hun yn Unben Gydol Oes. Llofruddiwyd Cesar gan griw o seneddwyr yn 44 CC, a diddymwyd y statud Unbeniaeth Gydol Oes.

Yn y flwyddyn 43 CC, am yr eilwaith yn unig yn hanes Rhufain, sefydlwyd Triwriaeth sef trefn dros dro pan fo tri ffigwr mwyaf pwerus yr ymerodraeth yn ffurfio cynghrair i lywodraethu ar adeg o ansefydlogrwydd gwleidyddol, gyda chyfrifoldeb personol ac uniongyrchol dros draean o'r ymerodraeth yr un.

Tra bo'r Driwriaeth cyntaf (60-53 CC) yn gytundeb preifat rhwng tri cadfridog (Pompey, Crassus a Iŵl Cesar), gwnaed yr ail Driwriaeth (43-27 CC) yn un cyfansoddiadol oedd yn uno'r Triwyr yn statudol i rannu grym; sef Mark Antony a Lepidus, a milwr ifanc medrus, 20 oed, o'r enw Octavian (Gaius Octavius) – mab mabwysiedig ac etifedd Iŵl Cesar.

Rhan o Sarn Helen heddiw

Ond dirywiodd y Triwriaeth i ryfela ymysg ei gilydd yn 31 CC. Curodd Octavian luoedd Mark Antony, cyn concro'r Aifft yn 30 CC. Gwnaeth Octavian ei hun yn Ymerawdwr yn 27 CC, a pharhaodd felly hyd 14 OC

Dweud fwy am Iŵl Cesar...

Dim ers cyfnod y Groegwr Alecsander Fawr y gwelodd y byd unigolyn mor ddylanwadol ac a gyflawnodd gymaint yn ystod ei fywyd â Iŵl Cesar. O'i lwyddiannau a'i alluoedd militaraidd fel cadfridog a gwleidydd, roedd ei fuddugoliaethau ysgubol, ei orchestion peirianyddol rhyfeddol a'i barodrwydd i gymryd risgiau, yn ei osod ben ac ysgwydd uwchben cadfridogion eraill y Weriniaeth Rufeinig.

Ond er ei alluoedd, roedd ganddo feiau. A'r mwyaf o'r beiau hynny, fel y rhan fwyaf o gadfridogion blaenllaw, oedd awch am glod a bri a grym personol. Y ffordd i wireddu'r uchelgais honno oedd trwy goncro pobloedd a meddiannu tiroedd ac adnoddau i Rufain er mwyn plesio'r Senedd a'r cyhoedd. Yr hyn wnâi Cesar oedd gweithredu cyn cael sêl bendith Rhufain.

Doedd gan Cesar ddim caniatâd y Senedd i geisio concro Gâl, felly ei strategaeth oedd ymyrryd mewn rhyfeloedd rhwng y llwythau Galaidd ac adrodd yn ôl i Rufain ei fod wedi curo un llwyth gwrth-Rufeinig a chreu cyfaill i Rufain o'r llall – unrhyw reswm i aros yng Ngâl i ostegu gelynion Rhufain hyd nes byddai concwest mewn golwg.

Yn ystod ei goncwest o Gâl dywedodd Cesar fod y Brythoniaid wedi cefnogi ymgyrchoedd y Galiaid yn ei erbyn, a bod Galiaid o lwythau Belgaidd wedi ffoi i Brydain i gael lloches ymysg llwythau Belgaidd y de-ddwyrain. Rhoddodd hyn esgus i Cesar gyfiawnhau ymosod ar Brydain.

Dechreuodd baratoi ei gyrch cyntaf yn 56 CC, ond bu'n rhaid iddo ei ohirio hyd at 55 CC oherwydd gwrthryfel gan lwythau Galaidd arfordir Armorica (Llydaw) o dan arweinyddiaeth y Veneti – y llwyth o arfordir deheuol Llydaw oedd yn rheoli'r farchnad forwrol i Brydain. Pan glywon nhw am gynlluniau Cesar, mi ofynnon nhw am gymorth eu cyfeillion Brythonig i ymladd efo nhw yn erbyn Cesar, gan hefyd alw am gymorth llwythau Galaidd oedd yn dibynnu'n uniongyrchol ar fasnach rhwng Gâl a Phrydain, megis y Morini a'r Menapii oedd â'u tiriogaeth ar yr arfordir gogleddol ger Calais a Bruges heddiw.

Be ddigwyddodd nesaf?

Yn hwyr yn haf 55 CC, penderfynodd Cesar fynd ar gyrch brysiog i Brydain. Galwodd ar fasnachwyr oedd yn delio â'r Brythoniaid i ddod ato i'w gynghori ynghylch brodorion yr ynys, eu tactegau milwrol, a'u porthladdoedd ac ati, ond doedden nhw un ai ddim yn gallu rhoi'r wybodaeth, neu ddim yn barod i wneud hynny. Gyrrwyd y tribiwn, Gaius Volusenus, mewn llong i sgowtio arfordir Caint, ond dychwelodd mewn pum diwrnod heb lanio yn nunlle oherwydd presenoldeb y 'barbariaid' ar y clogwyni. Ond o glywed bod ymosodiad yn agos, dechreuodd llysgenhadon o rai llwythau Brythonig lanio yn Gâl i addo i Cesar eu parodrwydd i ildio. Gyrrodd Cesar nhw yn eu holau gyda'i gyfaill Commius, brenin llwyth yr Atrebates oedd â thiriogaeth ar ddwy ochr y Sianel, i ddefnyddio'i ddylanwad i ennill addewidion tebyg gan lwythau eraill.

CASSIVELLAUNUS A'R CATUVELLAUNI

Cassivellaunus (*Bryth*: Cassiuellaunos, *Cym*: Caswallawn, ystyr: 'arweinydd angerddol/tanbaid/ffyrnig') oedd arweinydd rhyfel llwythau Brythonig a Galo-Frythonig de-ddwyrain Prydain yn erbyn ail ymosodiad Iŵl Cesar ar Brydain yn 54 CC, a brenin llwyth y Catuvellauni o 54 CC hyd at tua 20 CC.

Yn ystod y flwyddyn cyn 54 CC bu'n ymladd yn ddi-baid. Ymosododd ar y Trinovantes, llwyth grymusaf Prydain ar y pryd, oedd â'u tiriogaeth yn Essex a'u prifddinas yn Camulodunum (Colchester), gan ladd eu brenin, Imanuentius, ac achosi i fab hwnnw, Mandubracius, ffoi am loches at Cesar yng Ngâl.

Dewisodd llwythau Brythonig de-ddwyrain Prydain Cassivellaunus fel eu Pennaeth Rhyfel yn erbyn Cesar yn 54. Enwodd Cesar bum llwyth annelwig a ildiodd iddo yn gynnar yn ystod ymosodiad 54 CC sef y Cenimagni, Segontiaci, Ancalites, Bibroci a'r Cassi. Doedd dim sôn amdanynt cyn hynny nac wedyn. Mae'n bosib mai dwyn tiroedd y rheini wnaeth Cassivellaunus, gan achosi iddyn nhw ildio i Cesar. Dywed Cesar i'r pump llwyth fradychu lleoliad canolfan Cassivellaunus yn ystod y brwydro yn 54 CC.

Posibiliad mwy tebygol efallai, ydi i lwyth o'r enw Catalauni oedd yn gymdogion i'r Suessiones, ger Riems yn ardal Gâl Felgaidd, sefydlu eu hunain ym Mhrydain – yn ardal gyfatebol y Catuvellauni wedyn – yn y flwyddyn rhwng dau ymosodiad Cesar. Mae archeolegwyr yn gosod y Catuvellauni mewn grŵp o lwythau gaiff eu cysylltu â Gâl Felgaidd.

Rhan o dermau ildio'r Catuvellauni i Cesar yn 54 CC oedd ailosod Mandubracius ar orsedd y Trinovantes, a bod Cassivellaunus yn addo peidio ymosod arnyn nhw eto. Mae hyn yn dangos ei fod o erbyn 54 CC yn frenin yn ogystal â Phennaeth Rhyfel. Does wybod hyd at ba bryd y teyrnasodd, gan nad oes cofnodion pendant ynghylch ei farwolaeth na'r olyniaeth, ond mae'n debyg mai Cassivellaunus oedd tad Tasciovanus, brenin y Catuvellauni. Roedd Tasciovanus yn dad i Cynfelyn oedd yn frenin y Catuvellauni a'r Trinovantes rhwng 9 OC a 40 OC a Chynfelyn oedd tad Caradog a arweiniodd y gwrthsafiad yn erbyn Rhufain o 47-50 OC.

Casglwyd fflyd oedd yn cynnwys 80 o longau cludo milwyr – digon i gario dwy leng (bron i ddeg mil o filwyr) a llu o longau rhyfel i hwylio o Calais neu Boulogne – ac 18 llong cludo cafalri i hwylio o borthladd gwahanol.

Bwriad Cesar oedd glanio yn Dubris (Dwfr/Dofr) ble'r oedd porthladd ac aber yr afon Ddwfr. Ond pan welodd y miloedd o ryfelwyr Brythonig ar ben clogwyni, penderfynwyd symud y fflyd tua saith milltir i'r dwyrain lle'r oedd traeth llydan a digon hir i allu glanio'r llongau ar yr un pryd. Ond roedd cafalri a cherbydau rhyfel y Brythoniaid wedi'u dilyn yr holl ffordd, a phan geisiodd y Rhufeiniaid lanio, ymosododd y Brythoniaid. Ar ben hynny roedd y llongau'n rhy isel yn y dŵr i allu cyrraedd y traeth, a bu'n rhaid i'r milwyr neidio o'r llongau mewn dŵr dwfn tra bod y gelyn yn ymosod arnyn nhw o'r traeth. Llwyddodd y Rhufeiniaid i yrru'r Brythoniaid yn ôl drwy eu peltio efo slings a *catapultae*, ond fedrai'r Rhufeiniaid ddim eu hymlid nhw gan nad oedd llongau cafalri Cesar wedi cyrraedd yn sgil gwyntoedd anghyfleus.

Sefydlwyd gwersyll uwchlaw'r traeth a derbyniwyd llysgenhadwr Brythonig oedd am drafod heddwch. Dychwelwyd Commius i Cesar (roedd o wedi cael ei arestio gan y Brythoniaid cyn gynted ag y glaniodd ym Mhrydain i drafod ar ran Cesar). Yn ôl Cesar dim ond pedwar diwrnod a gymerodd i dderbyn termau ildio'r llwythau ac i dderbyn gwystlon ganddynt. Ond mwya sydyn, daeth y fflyd o longau cafalri Cesar i'r golwg yn y Sianel, ond cododd storm a chwalu rhai o'r llongau a gorfodi'r gweddill i ddychwelyd i Gâl.

Pan sylweddolodd y Brythoniaid bod gobaith o gadw Cesar a'i luoedd ym Mhrydain dros y gaeaf, ailgydiwyd yn y gwrthsafiad. Ymosodwyd ar un lleng ond daeth y llall i'r adwy, a gyrru'r Brythoniaid ar ffo. Daethant yn eu holau fodd bynnag, ac ymosod ar wersyll y Rhufeiniaid, dim ond i gael eu curo'n galed gyda chymorth cafalri a gasglodd Commius o blith llwythau cyfeillgar i Rufain.

Gyrrodd y Brythoniaid lysgenhadon unwaith eto, a dyblodd Cesar y nifer o wystlon yr oedd am eu derbyn. Ond â'i sefyllfa'n fregus a'r gaeaf yn agosáu, cytunodd Cesar i'r llwythau ddanfon y gwystlon ato yng Ngâl yn nes ymlaen. Wedi trwsio hynny oedd bosib o'r llongau, aeth Cesar am Gâl.

Os mai concwest oedd pwrpas ymosodiad Cesar, roedd o'n fethiant. Os mai cyrch *reconnaissance*, neu ffordd o rybuddio'r Brythoniaid i beidio helpu'r Galiaid oedd o, methodd Cesar â gadael fawr o argraff arnynt. Ond os mai antur bersonol i ennill clod a bri iddo'i hun oedd o, wel mi weithiodd. Roedd bod y Rhufeiniwr cyntaf i roi traed ar Ynys Prydain – tu hwnt i'r 'byd hysbys' – yn gymaint o gamp fel y cyhoeddodd y Senedd *supplicatio* (diolchgarwch) o 20 diwrnod o hyd yn ei enw!

Be wnaeth Cesar wedyn?

Yn 54 CC roedd o'n benderfynol o beidio gwneud yr un camgymeriadau â'r flwyddyn gynt, casglodd Cesar bum lleng a dwy fil o gafalri mewn llongau a gynlluniodd ei hun yn seiliedig ar dechnoleg llongau'r Veneti – yn lletach a'u deciau yn ddigon isel i allu glanio milwyr ar draeth.

Dechreuodd y brwydro ar safle rhyd ar yr Afon Stour yng Nghaint, a symud i fryngaer mewn ardal goediog. Wedi gwersylla dros nos daeth neges i Cesar, yn dweud bod ei longau oedd ar angor wedi'u dryllio mewn storm eto. Galwodd ei lengoedd yn ôl am y traeth i drwsio'r llongau a disgwyl i longau newydd ddod o Gâl.

Ddeng diwrnod wedyn arweiniodd Cesar ei fyddin at ryd y Stour eto, ble'r oedd miloedd o Frythoniaid yn aros amdanynt. Dyma pryd mae Caswallawn (Cassivellaunus) yn ffrwydro i dudalennau hanes fel pennaeth rhyfel lluoedd cyfun y Brythoniaid. Bu brwydro ffyrnig a chollodd y Rhufeiniaid nifer o filwyr, a chadfridog amlwg, cyn llwyddo i chwalu'r Brythoniaid eto.

Sylweddolodd Caswallawn na allai guro'r Rhufeiniaid mewn brwydr agored, a gyrrodd y rhan fwyaf o'i luoedd yn ôl i'w canolfannau llwythol, gan gadw 4,000 o gerbydau rhyfel efo fo ar lannau'r afon Tafwys. Erbyn i Cesar gyrraedd roedd y Brythoniaid wedi gosod polion miniog yn yr afon, ond llwyddodd milwyr *auxiliary* i nofio drosodd gyda'u ceffylau. Croesodd llengfilwyr Cesar y tu ôl iddynt a chiliodd y Brythoniaid i fryngaer i aildrefnu. Dilynodd Cesar nhw a rhoi'r gaer dan warchae.

Gyrrodd Cassivellaunus neges at bedwar brenin Caint – Cingetorix, Carvilius, Taximagulus a Segovax – iddynt ymosod ar wersyll pen-traeth y Rhufeiniaid. Ond methodd yr ymosodiad a bu'n rhaid i Cassivellaunus yrru cenhadon i drafod termau ildio. Bu'n rhaid i Cesar frysio'n ôl i Gâl gan fod llwythau yno yn gwrthryfela yn ei absenoldeb a gadawodd y trafodaethau yn nwylo Commius.

Be oedd canlyniad ymgyrch Cesar?

Cafwyd bron i ganrif o sefydlogrwydd a esgorodd ar gysylltiadau masnachol a diplomyddol rhwng Rhufain â'r teyrnasoedd Brythonig, oedd yn mwynhau buddiannau diwylliannol ac economaidd Rhufain. Dysgodd Rhufain am adnoddau'r ynys, tir amaeth, grawn, gwartheg a mwynau megis copr, plwm ag aur.

Ond nid pawb oedd yn hapus. Bu Augustus yr paratoi i ymosod ar Brydain dair gwaith, unwaith fel aelod o'r Triwriaeth ac yna fel Ymerawdwr, ond canslwyd y cynlluniau oherwydd trafferthion mewn rhannau eraill o'r Ymerodraeth. Yna, yn 8 OC bu bygythiad i'r status quo pan ffoes dau frenin at Augustus – Dubnovellaunus o'r Cantiaci (ac efallai o'r Trinovantes hefyd) a

Tincomarus o'r Atrebates – i bledio'u hachos ar ôl cael eu diorseddu gan gymdogion llwythol (Cynfelyn, yn achos Dubnvellaunus).

Un enw sydd yn gyfarwydd i mi ydi Cynfelyn...

Cunobelenus (Cynfelyn ni'r Cymry) oedd brenin y Catuvellauni a'r Trinovantes rhwng 9 OC a 40 OC – dau lwyth oedd wedi mudo i Brydain rhyw bryd yn y ganrif gyntaf CC. Y Catuvellauni, erbyn hyn, oedd y llwyth mwyaf pwerus ym Mhrydain gyda dylanwad ar lwythau Brythonig o'r dwyrain i'r gorllewin.

Cydnebir Cynfelyn fel un o wladweinyddion gorau'r cyfnod. Darostyngodd y Trinovantes a meddiannu eu prifddinas, Camolodunum (Colchester), a thrwy gydol ei deyrnasiad, llwyddodd i gadw'r heddwch rhwng dwy garfan oddi fewn i'w deyrnas, sef y garfan gymodlon â Rhufain a'r garfan wrth-Rufeinig.

Tyfodd masnach yn ystod ei deyrnasiad. Dengys tystiolaeth archeolegol dwf mewn mewnforio deunydd moethus o'r cyfandir, gan gynnwys gwin Eidalaidd, llestri, olew olewydd, saws pysgod o Sbaen, gwydrau, gemwaith a llestri bwrdd o Galo-Belg.

Wrth i Cynfelyn heneiddio, tyfodd dylanwad ei feibion Togodumnus a Caradog (Llad: Caratacus, Bryth: Caratacos) – y ddau yn gadarnwrth-Rufeinig. Roedd brawd arall, Adminius, oedd yn frenin yng Nghaint, yn llai gelyniaethus i Rufain.

Pan fu farw Cynfelyn tua 40 OC, newidiodd popeth. Dan oruchafiaeth Togodumnus a Caradog, mabwysiadwyd polisi gelyniaethus tuag at Rhufain. Y canlyniad cyntaf oedd i Adminius ddianc i Rufain at yr Ymerawdwr Caligula i ymbil arno i ailsefydlu'r hen drefn. Ond roedd Caligula erbyn hyn yn bell o'i go', a bu ei baratoadau i ymosod yn llanast llwyr.

Yn y cyfamser cymerodd Togodumnus orsedd y Catuvellauni a'r Trinovantes ac ymosododd Caradog ar diroedd y llwythau i'r de o afon Tafwys gyda chefnogaeth ei ewyrth, Eppaticus. O fewn blwyddyn roedd Caradog wedi disodli Verica, brenin yr Atrebates – teyrnas gleient i Rufain – ac yn teyrnasu a bathu arian o *civitas* Calleva Atrebatum (Silchester). Cyn hir roedd Verica yn llys yr Ymerawdwr newydd, Claudius, yn ymbil arno i ymyrryd. Yn falch o gael esgus i adael hinsawdd gynllwyngar Senedd Rhufain ar y pryd, penderfynodd Claudius baratoi i ymosod ar Brydain.

Woa! Be ddigwyddodd wedyn?

Wel, yn 43 OC rhoddodd Claudius y dasg o goncro Prydain i'r cadfridog Aulus Plautius. Roedd ganddo gyfanswm o dros 40,000 o ddynion. Yn ôl y sôn, roedd lluoedd y Brythoniaid tua 150,000. Llwyddodd Plautius i drechu'r fyddin Frythonig o dan arweiniad Caradog a byddin arall o dan arweiniad Togodumnus. Wedi'r ail frwydr honno, ildiodd carfan ogleddol llwyth y Dobunni, o ardal swydd Gaerloyw, i Plautius.

Ailgasglodd y lluoedd Brythonig, fodd bynnag, ac aros am y Rhufeiniaid ar lannau gogleddol yr afon Medway. Ond er syndod iddynt, llwyddodd unedau o 'Geltiaid' (Galiaid a Galisiaid efallai) a Batafiaid (oedd yn arbenigo mewn croesi afonydd) i nofio ar draws yr afon ac ymosod ar geffylau cerbydau rhyfel y Brythoniaid. Parhaodd y brwydro am ddau ddiwrnod arall cyn i luoedd Plautius gael goruchafiaeth. Ar yr ail ddydd lladdwyd 850 o Rufeiniaid a 5,000 o Frythoniaid.

Ymgasglodd lluoedd y Brythoniaid ar lan ogleddol afon Tafwys, gan adael milwyr o'u holau i daro'r Rhufeiniaid â thactegau *guerilla*. Cael a chael oedd hi ym mrwydr y Tafwys, ond roedd tactegau a ffitrwydd llengfilwyr proffesiynol Rhufain yn drech na'r Brythoniaid. Mae'n debyg mai yn y frwydr hon y lladdwyd Togodumnus.

Daeth Claudius i Brydain i dderbyn darostyngiad 11 llwyth Brythonig (dim ond y Dobuni a enwir). Gwnaed Camulodunum yn brifddinas Rhanbarth Rhufeinig Britannia, a gwnaed Plautius yn Llywodraethwr cyntaf y Rhanbarth. Sefydlwyd ffiniau'r Rhanbarth newydd rhwng tiroedd y llwythau teyrngar a gweddill llwythau Prydain – y llwythau gwyllt oedd eto i weld Rhufeiniwr yn y cnawd. Rhedai'r ffin yn lletraws o aber yr afon Humber islaw Swydd Efrog ar arfordir Môr y Gogledd, i lawr i aber afon Wysg yng Nghaerwysg. Tyllwyd ffos yr holl ffordd i ddynodi'r ffin, ac erbyn 47 OC adeiladwyd ffordd unionsyth o Lincoln i Gaerwysg er mwyn cysylltu dwy gaer lengfilwrol, gan redeg trwy Gaerlŷr a Corinion (Cirencester) a phasio heb fod yn rhy bell o gaer Glevum (Caerloyw). Gwnaed cytundeb gyda Cartimandua, brenhines llwyth anferth y Brigantes, i'r gogledd o'r ffin, i fod yn *buffer zone* rhwng Britannia â'r llwythau gogleddol. Digon bregus oedd y sefyllfa oddi fewn i'r Brigantes mewn gwirionedd, gan fod ei gŵr Venutius yn arwain y carfannau gwrth-Rufeinig yn y llwyth. Bu sawl rhyfel cartref yn y llwyth oherwydd hyn.

Be ddigwyddodd i Caradog, mab Cynfelyn?

Rhwng 43 a 47 OC, tra bod Plautius a'i luoedd yn sefydlogi'r Rhanbarth newydd ac yn cadw golwg ar lwythau anesmwyth a gwrando am unrhyw smic o sentiment wrth-Rufeinig, roedd Caradog yn llochesu ymysg y Silwriaid ac yn nhiriogaeth carfan ddeheuol y Dobuni, yn aros ei gyfle i daro. Daeth y cyfle yn y flwyddyn 47.

Dewisodd Caradog yr amser perffaith i daro. Roedd protocol gwleidyddol Rhufain yn dweud na châi dau Lywodraethwr fod mewn Rhanbarth ar yr un pryd; roedd rhaid i un adael cyn i'r llall gyrraedd. Yn y gwagle rhwng ymadael Plautius a chyrraedd ail Lywodraethwr Britannia, Publius Ostorius Scapula, roedd cyfnod byr heb awdurdod llywodraethol yn Britannia. Dyma pryd y ffrwydrodd Caradog yn ôl i dudalennau hanes.

Bu rhyfel Caradog a llwyth y Silwriaid yn erbyn Rhufain yn rhuo hyd at 50 OC, gan achosi colledion i Rufain gyda thactegau *guerilla*. Roedd y rhyfel yn ddigon difrifol i Scapula orfod symud lleng i'r ardal i geisio trechu'r gwrthryfelwyr, ond yn ofer. Tua 50 OC, symudodd Caradog a llu Silwriaidd i diriogaeth yr Ordoficiaid yng nghanolbarth a gogledd Cymru i geisio denu Scapula yn ddwfn i ganolbarth mynyddig Cymru, ac i alw'r Ordoficiaid at ei faner. Llifodd miloedd ohonynt i ateb yr alwad.

Mae union safle'r frwydr dyngedfennol rhwng Caradog a Scapula yn parhau yn ddirgelwch. Dywed Tacitus fod y safle yn nhiroedd yr Ordoficiaid, ger afon anodd i'w chroesi, â'r Brythoniaid yn aros ar ben bryn uchel a serth, ble codwyd rhagfuriau o gerrig ar y llethr, a dim ond un cyfeiriad i ddringo at luoedd Caradog. Mae'r disgrifiad yn cynnig ei hun i sawl lleoliad, llawer ohonynt yn nyffryn yr Hafren, megis ger Drenewydd, Cefn Carnedd ger Caersws, ac Allt Gethin uwchlaw Llandinam. Ond mae llawer o lefydd eraill sy'n gymwys.

Tydi Tacitus ddim yn rhoi niferoedd y ddwy fyddin i ni, sydd yn awgrymu llwyddiant Caradog o ran osgoi colledion difrifol

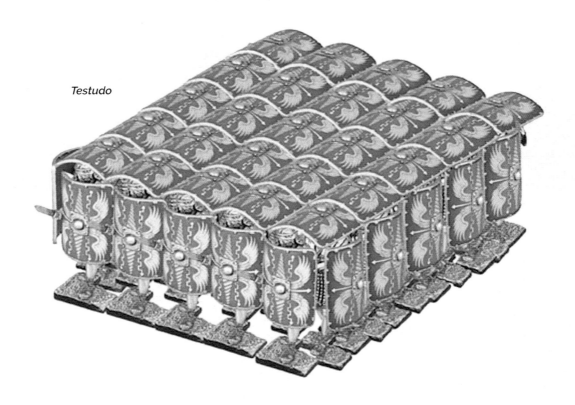

Testudo

(petai ei golledion yn drwm, byddai'r Rhufeiniaid yn sicr o fod wedi clochdar am y peth). Er hynny, gellir amcangyfrif y niferoedd yn weddol hyderus. Roedd gan Scapula ddwy leng efo fo – y *XIV Gemima* a'r *XX Valeria* – sef hanner y llengoedd Rhufeinig ym Mhrydain, a sawl cohort o lengoedd eraill. Arferai'r Rhufeiniaid gyfateb nifer y llengfilwyr gyda'r un nifer o filwyr cynorthwyol – yr *auxiliaries*. Golyga hyn bod nifer y fyddin Rufeinig yn o leiaf 20,000. Byddai byddinoedd Rhufain ddim yn ofni llu bump gwaith mwy o ran niferoedd mewn brwydr ar dir gwastad. Hyd yn oed o ystyried y fantais gref oedd gan safle lluoedd Caradog, byddai teirgwaith y niferoedd yn dal i fod yn ffafriol i'r llengfilwyr proffesiynol.

Arweiniodd Scapula ei ddynion ar draws yr afon heb fawr o drafferth, cyn dechrau dringo'r bryn o dan gawodydd o gerrig, gwaywffyn a saethau'r Brythoniaid. Daeth ffitrwydd a thactegau'r llengfilwyr i'r amlwg. Gan osod eu tarianau uwch eu pennau ac o flaen y rheng gyntaf, i ffurfio'r *testudo*, neu'r 'crwban', a thrywanu rhwng y tarianau gyda'u *gladii* (cleddyfau byrion) a thorri sodlau'r gelyn islaw'r tarianau, llwyddodd y llengfilwyr i dorri drwy linellau'r Brythoniaid a chyrraedd copa'r bryn. Sleisiodd yr *auxiliaries* â'u cleddyfau hir trwy'r rhengoedd Brythonig a'u gyrru ar chwâl. O fewn dim roedd y Rhufeiniaid wedi lladd gwarchodlu personol Caradog a chipio'i deulu, yn cynnwys ei wraig a'i ferch, ac roedd y frwydr ar ben.

TACITUS

Hanesydd a gwleidydd oedd Publius Cornelius Tacitus a anwyd yn 54 OC a marw yn y flwyddyn 120 OC. Roedd o'n byw yn ystod Cyfnod Arian Llenyddiaeth Lladin, ac mae ysgolheigion heddiw yn ei gyfri yn un o'r haneswyr Rhufeinig pwysicaf. Tacitus ydi'n prif ffynhonnell am gyfnod cynnar sefydlu Rhanbarth Rhufeinig Britannia. Ysgrifennodd sawl llyfr hanes ac mae pump ohonynt wedi goroesi, ond collwyd nifer o gyfrolau o'r gweithiau hyn. Mae ei lyfryddiaeth yn cynnwys *De Vita Iulii Agricolae* (Bywyd a Chymeriad Agricola), *Historiae* (Hanesau), *De Origine et Situ Germanorum* (Germania) a'r *Annales* sef hanes pum ymerawdwr cyntaf yr Ymerodraeth, o Augustus i Nero, ond bod darnau helaeth o'r gwaith hwn wedi ei golli. Roedd Tacitus hefyd yn areithiwr clyfar, ac mi ysgrifennodd lyfr *Dialogus de Oratoribus* (Deialog ar Areithio). Bu Tacitus yn pori trwy gofnodion y Senedd, yr *Actus Senatus*, yn Rhufain yn ogystal â chofnodion milwrol y cadfridogion, gan gynnwys y *dispatches* – sef y gorchmynion, penderfyniadau a symudiadau a weithredwyd ar y maes. Doedd y negeseuon milwrol hyn ddim ar gael i haneswyr, fel arfer, ond roedd gan Tacitus ganiatâd i bori drwyddynt oherwydd ei fod yn fab yng nghyfraith i un o gadfridogion enwocaf yr Ymerodraeth, sef Gnaeus Julius Agricola – un ar ddegfed Llywodraethwr Rhanbarth Rhufeinig Britannia o 77 i 83 OC.

Gan adael ei 'gadfridogion' i arwain yr Ordoficiaid ar y ffrynt orllewinol, teithiodd Caradog i diriogaeth y Brigantes, un ai i gyfarfod Venutius neu Cartimandua. Mae'n sicr iddo wybod am natur ddichellgar y frenhines pro-Rufeinig hon, felly mae'n bosib ei fod o dan yr argraff ei bod hi, dan bwysau mewnol ei llwyth, yn ystyried newid ochr. Roedd yn anghywir. Un ai trwy dwyll neu gamsyniad ar ei ran, cipiwyd Caradog gan Cartimandua, a drosglwyddodd ef i'r Rhufeiniaid mewn cadwynau. Hyd heddiw, mae hanes yn cofio'r frenhines Frigantaidd am y weithred hon, oherwydd nid Caradog yn unig a gyflwynodd Cartimandua i Rufain y diwrnod hwnnw, ond dyfodol Prydain.

Priodolir sylw i Caradog gan hanesydd Rhufeinig arall, Cassius Dio. Wrth gerdded strydoedd goludog Rhufain am y tro cyntaf, dywedodd y brenin Brythonig, 'A chithau â'r fath gyfoeth â hyn, pam ydych yn chwennych ein pabellau tlawd?''

> Roedd 'na lwythau gwahanol ymhob rhan o Ynys Prydain. Be am y llwythau gwahanol yng Nghymru. Pwy oedden nhw ac yn lle oedd pob un?

Silwriaid (Silures)

Llwyth ffyrnig a gwrth-Rufeinig oedd y Silwriaid â'u tiriogaeth yn ne-ddwyrain Cymru. Dywedodd Tacitus nad oedd 'na chymod na brwtaliaeth yn eu perswadio i beidio rhyfela.'

Ond buddugoliaeth wag oedd hi i'r Rhufeiniaid oherwydd llwyddodd Caradog a'r rhan fwyaf o'i fyddin i ddianc. Mae eu gallu i ddianc yn golygu bod cefn y bryn lle'r oedd y frwydr yn arwain i gefnen uchel o dir ac roedd hynny yn galluogi dianc ar geffylau, yn ddyfnach i mewn i diroedd Ordoficaidd. Mae'n bosib mai hyn oedd tacteg Caradog o'r cychwyn, sef denu Scapula ar ei ôl i grombil mynyddoedd Cymru, lle y gellid cynnal rhyfel *guerilla* gan weithio i wireddu ei obaith o berswadio'r Brigantes i ymosod, o dan Venutius, o'r tu ôl i Scapula. Yn anffodus, wrth geisio gwireddu'r gobaith hwnnw, gwnaeth Caradog ei gamgymeriad eithaf.

Y Silwriaid oedd gelynion pennaf y cadfridog Publius Ostorius Scapula, ail Lywodraethwr Rhanbarth Rhufeinig Britannia, a ddechreuodd yn ei swydd yn 47 OC. Achosodd y Silwriaid gymaint o bryder i Scapula nes bu i'w iechyd ddirywio, a bu farw yn 52 OC. Dywed Tacitus i Scapula ddweud am y Silwriaid, 'cymaint o berygl ydynt, dylid eu difa yn llwyr, neu eu trawsblannu.' Mae'r llwyth yn enwog hefyd am ymladd gyda Caradog yn erbyn y Rhufeiniaid hyd at ei safiad olaf.

Parhau i ymladd eu rhyfel *guerilla* wnaeth y Silwriaid hyd at gyfnod y Llywodraethwr Sextus Julius Frontinus. Yn 75 OC cododd Frontinus gaer lengfilwrol o'r enw Isca Augusta ar lan yr afon Wysg i'r gogledd o Gasnewydd heddiw, ac yno fu pencadlys y *Legio II Augusta* o 75-300 OC. Tyfodd tref Caerllion o amgylch y gaer. Hefyd yn 75 OC sefydlwyd *civitas* (canolfan weinyddol lwythol) o'r enw Venta Silurum i'r llwyth (Caerwent heddiw).

Demetae

Llwyth oedd â'i diriogaeth yn ne-orllewin Cymru, yn fras, ardal Penfro a Sir Gâr, ac o bosib de Ceredigion – yn debyg i'r Ddyfed fodern. Daw'r enw Dyfed yn uniongyrchol o'r elfen Lladin 'demet' yn yr enw Demetae, ond tydi ystyr 'dyfed' na'r enw llwythol ddim yn glir i arbenigwyr. Fodd bynnag, cyhoeddwyd ysgrif yn y *Camarthenshire Antiquary*, 2005, gan Andrew Breeze o Brifysgol Navarre, Pamplona, sy'n awgrymu'n gryf iawn, mai ystyr enw'r llwyth yw '*the supreme cutters-down (of enemies)*' a 'lladdwyr effeithiol' gyda chleddyfau – *medi* yn yr ystyr torri'ch gelynion i lawr.

Nid yw Tacitus yn sôn am unrhyw ryfela rhwng y Demetae â'r Rhufeiniaid ac nid yw archaeoleg wedi dangos llawer hyd yma, ond mae eu bryngaerau niferus yn awgrymu llwyth oedd wedi arfer amddiffyn eu tiroedd. Ymddengys iddynt ildio i Rufain a derbyn heddwch heb unrhyw wrthsafiad, o bosib oherwydd rhaniadau mewnol oedd wedi gwanhau'r llwyth ar y pryd. Mae'n debyg mai yn y 70au OC aeth y Rhufeiniaid yno, ar ôl sefydlu heddwch â'r Silwriaid.

Roedd canolfan llwyth y Demetae ym Moridunum sef Caerfyrddin heddiw. Mae Ptolemy yn sôn am ganolfan arall yn eu tiriogaeth, sef Luentinum ger Dolaucothi, a feddiannwyd gan y Rhufeiniaid 78-125 OC i berwyl gweithio'r mwynfeydd aur.

Sefydlodd y Rhufeiniaid nifer o ffyrdd a chaerau i amddiffyn ffiniau gwlad y Demetae. Nododd Ptolemy mai Stuctia Fluvius (Afon Ystwyth) oedd y ffin ogleddol rhwng y Demetae a'r Ordovices. Nododd hefyd i'r Rhufeiniaid godi caer o'r enw Leucarum, sef Llwchwr, ar lannau Leuca Fluvius (Afon Llwchwr) rhwng 70 a 74 OC ac mae'n bosib bod y ffin ddwyreiniol yno.

Rhoddwyd statws *civitas* (statws tref Rufeinig) i ganolfan llwyth y Demetae yng Nghaerfyrddin yn fuan wedi 75 OC, dan yr enw Moridunum Demetarum.

Ordoficiaid

Llwyth rhyfelgar a gwrth-Rufeinig arall oedd yr Ordoficiaid a'u tiriogaeth yn cynnwys canolbarth a gogledd Cymru, heblaw am y gogledd-ddwyrain. Fel y Silwriaid, mi fu'r Ordoficiaid yn ymladd gyda Caradog yn erbyn y Rhufeiniaid.

Mae'r enw Lladin 'Ordovices' yn rhoi eu henwau fel 'rhyfelwyr morthwylion' (*hammer-fighters*). Mae'r elfen Geltaidd *ordo-* yn gytras â geiriau am 'forthwyl' yn y Wyddeleg '*ord*', y Gymraeg '*gordd*' a'r Llydaweg '*horzh*'.

Ar ôl goresgyn y Silwriaid yn 74 OC dechreuodd Frontinus adeiladu ffyrdd, gwersyllau martsio a chaerau milwyr cynorthwyol yn nhiriogaeth yr Ordoficiaid. Yn naturiol, roedd y brodorion yn ymateb efo tactegau *guerilla* ac yn 77 OC – fel roedd Frontinus yn gorffen ei dymor fel Llywodraethwr – ymosododd yr Ordoficiaid ar oddeutu 10 sgwadron cafalri (pob sgwadron yn 30 dyn) a'u lladd i gyd. Daeth y Llywodraethwr newydd, Gnaeus Julius Agricola i Brydain ynghanol haf 77 neu 78 OC a gweld bod yr holl gafalri oedd gan Rufain yng ngogledd Cymru wedi cael eu dinistrio. Penderfynodd gosbi'r Ordoficiaid trwy ddinistrio'r llwyth yn gyfan gwbl. Mae'n

Maen Corbalengi rhwng Penbryn a Thresaith yn ne Ceredigion. Mae'r arysgrif ar y garreg yn dweud 'CORBALENGI IACIT ORDOVS' – '[Yma y] gorwedd Corbalengws yr Ordoficiad'

debyg y bu sawl cyflafan, yn enwedig ar Ynys Môn (sy'n dangos mai tiriogaeth Ordoficaidd oedd yr ynys). Ond doedd y dacteg o hil-laddiad ddim yn mynd i lwyddo gan fod yr Ordoficiaid yn llwyth rhy niferus ac ar wasgar dros diriogaeth eang a mynyddig. Fodd bynnag, derbynnir mai 78 OC yw dyddiad gorchfygu'r Ordoficiaid yn derfynol.

Mae enw'r Ordoficiaid yn aros yn enw sawl lle yng ngogledd Cymru, megis Dinorwig a Dinorben, y ddau safle yn golygu Dinas (bryngaer) yr Ordoficiaid, a Rhyd Orddwy ger y Rhyl.

Deceangli

Llwyth oedd â'u tiriogaeth ar arfordir gogledd Cymru o ardal Conwy at aber afon Ddyfrdwy, ac ardal Sir Ddinbych a Fflint heddiw (ac o bosib Caer hefyd). Parhaodd eu henw fel Tegeingl, y cantref canoloesol rhwng y môr, Afon Clwyd ac aber y Ddyfrdwy, ac mae o'n enw byw ar yr ardal hyd heddiw.

Am ryw reswm nid yw'r Deceangli yn cael eu cofnodi yn rhestr llwythau Ptolemy (oedd yn sgwennu yn yr ail ganrif) o gwbl, er i Tacitus gofnodi bod Scapula wedi mynd ar gyrch *reconnaissance* i'w tiriogaeth yn y flwyddyn 48 OC ac anrheithio rhannau o'u gwlad.

Roedd nifer o weithiau plwm ac arian yn nhiriogaeth y Deceangli, megis bryniau Helygen, Pentre Fflint a Thalar Goch

ger Gallt Melyd, o le'r oedd y llwyth yn cloddio ac allforio plwm. Roedd y Rhufeiniaid wedi meddiannu tiriogaeth Tegeingl erbyn 74 OC ac yn gweithio'r mwynfeydd.

O ddiwedd yr 16ed ganrif ymlaen canfyddwyd niferoedd o fariau plwm o fwynfeydd Tegeingl, ar draws canolbarth Lloegr, a'r cwbl wedi eu stampio gyda'r enw DECEANGLI. Er engraifft, ym Mehefin 1885, canfyddwyd bar o blwm ger Afon Ddyfrdwy yng Nghaer, ynghyd â darnau crochenwaith, dwy benglog ac esgyrn. Roedd y bar plwm yn 24 modfedd o hyd, 5 modfedd o led a 4 a hanner modfedd o dew, ac yn pwyso 192 pwys. Wedi ei stampio i'r plwm ar ei ben uchaf roedd llythrennau a rhifau oedd yn nodi Ymerawdwr Vespasian a rhif blwyddyn ei deyrnasiad (IMP.VESP.AVGV.T.IMP.III), yn dyddio o'r flwyddyn 74 OC, ac o dan y bar roedd y gair DECEANGI (heb yr 'L').

Gangani

Cofnododd Ptolemy enw llwyth o'r enw Gangani yn Iwerddon ar ei restr enwau llwythau, a'u gosod yn Swydd Clêr ar ei fap. Ond mae'n debyg mai camgymeriad gan gofnodwyr canoloesol sydd wedi rhoi enw llwyth Gangani arall ym Mhen Llŷn. Roedd map Ptolemy yn cofnodi enwau pob math o nodweddion daearyddol, nid llwythau yn unig. Mae cofnod gwreiddiol Ptolemy yn ei *Geography* yn nodi 'Caeanganorum promontarium' – sef enw daearyddol y penrhyn, neu bentir, yn Llŷn.

Llwythau eraill

Llwyth sydd â lle cadarnach ym Mhen Llŷn yw'r llwyth Gwyddelig Lageni/ Laigin, (Laighin yn ddiweddarach). Caiff y llwyth eu cofnodi gan Ptolemy a'u gosod yn Sir Leinster ar ei fap o Iwerddon. Mae'r elfen *Lein-* yn Leinster ar arfordir dwyreiniol Iwerddon yr un enw â *Lleyn*, a'r elfen *llaen* ym Mhorthdinllaen, lle mae bryngaer fechan ar yr arfordir. Mae'r enw Laigin/Laighin (nid yw'r 'g' na'r 'gh' yn cael eu hynganu yn y Wyddeleg) hefyd yr un enw â *Lein-, Lleyn* a *Llaen*. Mae'n debyg mai llwyth morwrol oedd y Laigin/Llaen, yn masnachu rhwng Iwerddon a Chymru, a'u tiriogaeth ar y ddau arfordir. Mae'n debyg mai canolfan fasnachu oedd bryngaer a harbwr Porthdinllaen.

Mae ambell i enw llwythol llai adnabyddus wedi goroesi yn enwau lleoedd Cymru. Mae haneswyr yn credu y bu llwyth o'r enw Decantae yn ardal Conwy, a roddodd i ni yr enw Deganwy heddiw.

Mae Melville Richards yn *Enwau Tir a Gwlad* yn sôn am y canlynol – *Ardud* yn llwyth yn Ardudwy; *Daethwy* yn enw llwyth ar Ynys Môn a'u henw yn parhau yn 'Porth Ddaethwy' (Porthaethwy bellach) a 'Dindaethwy' sef eu bryngaer, sy'n golygu 'caer y Daethwy'; a *Silwy* hefyd yn enw Llwyth ar Ynys Môn, gyda'u bryngaer o'r enw Dinsilwy, 'caer y Silwy'.

YR OESOEDD TYWYLL

Peidiwch â bod yn flin efo fi am alw'r cyfnod yma yn 'Oesoedd Tywyll'. Mae'r gair 'tywyll' yn cyfeirio at y ffaith ei bod hi'n anodd canfod tystiolaeth ddibynadwy o'r cyfnod. Ond dwi'n gobeithio y byddan ni'n gallu taflu goleuni ar yr Oesoedd Tywyll...

MWY DIWEDDAR
Oes y Tuduriaid
Yr Oesoedd Canol Diweddar
Oes y Tywysogion
Yr Oesoedd Tywyll (Yr Oesoedd Canol Cynnar)
Oes y Rhufeiniaid
Cyn-hanes

YR ARBENIGWYR:

DR REBECCA THOMAS

DR OWAIN JONES

Mi ddechreuodd yr Oesoedd Tywyll wrth i'r ymerodraeth Rufeinig orffen, ond wrth gwrs, pryd mae'r ymerodraeth Rufeinig yn gorffen yn swyddogol? Ydi o pan wnaeth yr ymerawdwr roi gorau i reoli, ydi o pan wnaeth y trefi roi'r gorau i weithredu fel trefi Rhufeinig neu ydi o pan wnaeth y bobl roi'r gorau i feddwl amdanyn eu hunain fel Rhufeiniaid? Mae'n anodd dweud, ond yn fras, roedd yr Oesoedd

GILDAS

Gildas yw awdur y traethawd *De Excidio Britanniae* (Ynghylch Dinistr Prydain).

Pregeth mewn tair rhan sy'n sôn am ddiwedd y cyfnod Rhufeinig a dechrau'r Oesoedd Tywyll yw *De Excidio Britanniae*. Ynddo sonnir am ymosodiadau ar y Brythoniaid gan y Pictiaid a'r Gwyddelod cyn sôn am ddyfodiad y Sacsoniaid, gan mai dyma yw cyd-destun goresgyniad yr ynys gan y Sacsoniaid yn ôl Gildas, a hynny meddai oherwydd pechodau'r Brythoniaid. Mae Gildas yn feirniadol o'r Cymry, nid oherwydd eu bod yn baganiaid ond oherwydd nad ydyn nhw'n Gristnogion da. Sonnir am Ambrosius Aurelianus (Emrys Wledig) oedd wedi arwain yr amddiffyniad yn erbyn yr Eingl-Sacsoniaid.

Er y celwyddau a'r rhagfarn amlwg yn y testun, mae'n ffynhonnell o bwys sydd o'r cyfnod yma. Gwaith Gildas yw'r tro cyntaf mewn hanes i ni glywed un o'r Cymry yn siarad gyda'i lais ei hun, er ei fod yn ysgrifennu yn Lladin.

Tywyll rhwng tua 400 a thua 900 O.C. Does yna ddim llawer o gofnodion ysgrifenedig o'r cyfnod ac eithrio ambell i destun Lladin gan eglwyswyr. Ymysg y cofnodion o bwys mae gwaith Gildas a gwaith Nennius, *Historia Brittonum* a bywgraffiad Asser o'r brenin Alfred.

Mae rhai ysgolheigion wedi cyfeirio at ddiwedd yr oes Rufeinig fel 'diwedd gwareiddiad' a hynny yng nghyd-destun yr economi gan amlaf.

Darn o dystiolaeth ddiddorol yw'r *clipped coins*. Yn ystod y cyfnod Rhufeinig, doedd rhywun ddim yn cael difrodi ceiniogau oherwydd dyna oedd stamp yr ymerawdwr. Ond ar ôl i'r Rhufeiniad adael, roedd y ceiniogau'n cael eu torri oherwydd bod pobl angen y metel. Mae hynny'n awgrymu fod y boblogaeth wedi mynd ychydig bach yn fwy di-drefn wedi i reolaeth yr ymerodraeth Rufeinig ddod i ben.

Felly, roedd stamp Rhufain yn dal i fod yn gryf ar Ynys Prydain yn y cyfnod yma. Roedd Lladin yn cael ei defnyddio yn ysgrifenedig ond pa iaith fysa'r bobl yn ei defnyddio?

Hen Gymraeg gyda dylanwad Lladin arni. Mwy neu lai, yr iaith oedd wedi cael ei siarad yr Ynys Prydain am ganrifoedd ond oedd wedi datblygu'n iaith newydd dan ddylanwad Lladin.

Roedd Gwyddeleg i'w chael yng Nghymru ar ôl dymchwel Rhufain. Roedd yna lawer o gerrig gyda Lladin ac Ogam arnyn nhw sy'n awgrymu fod pobl wedi ymfudo i Gymru o Iwerddon.

CWESTIYNAU DYRYS DYL!

Pam fod y rhan fwyaf o gerrig ogam i'w gweld yn ne-orllewin Cymru? Be ydi'r esboniad daearyddol dros leoliadau'r rhain?

Roedd yna fwy o gerrig ogam yn ne Iwerddon hefyd – mwy ohonyn nhw yn Leinster a Munster – felly mae'n rhaid fod yna agosatrwydd a chysylltiad rhwng yr ardaloedd hynny a de Cymru, yn hytrach na gogledd Cymru.

Ogam yn Eglwys Sant Brynach, Nanhyfer, Sir Benfro

OGAM

Roedd Ogam yn sgript a ddefnyddiwyd o'r 4edd ganrif hyd y 10fed ganrif. Mae'r arysgrifau Ogam 'clasurol' i'w canfod yn Iwerddon, Cymru, Yr Alban ac Ynys Manaw, gydag ychydig yn Lloegr.

Pryd wnaeth yr Eingl-Sacsoniaid ddechrau ymddangos?

Y gred yn y Canol Oesoedd oedd bod yr Eingl-Sacsoniaid wedi cyrraedd yn 449 mewn 3 cwch! Ond erbyn hyn, rydan ni o'r farn bod sawl symudiad wedi bod dros gyfnod hir o amser. Erbyn y bumed neu'r chweched ganrif, roedden nhw, mwy neu lai, wedi concro Prydain.

Rydan ni'n tueddu i sôn am yr ymladd rhwng y Brythoniaid a'r Eingl-Sacsoniaid neu'r Gwyddelod gan anghofio am yr ymladd oedd ymysg y Brythoniaid eu hunain. Mae Gildas yn sôn am ryfeloedd cartref ac yn sôn am arweinwyr y Brythoniaid oedd yn ymladd ymysg ei gilydd yn hytrach na rhoi sylw i broblemau allanol.

O dro i dro mae lle i gwestiynu pa mor ddinistriol oedd rhai rhyfeloedd, yn enwedig y rhyfeloedd rhwng teyrnasoedd o fewn Cymru, oherwydd mae'n ymddangos o lawer o ffynonellau mai rhywbeth elitaidd oedd rhyfel. Mae'n debyg bod y rhan fwyaf ohonyn nhw yn eithaf bach o ran eu maint. Ond yn anffodus, tydi'r dystiolaeth ddim ganddon ni i ddweud yn iawn lle'r oedd y brwydrau hyn, faint oedd yn ymladd ayb.

Mae yna theori ddiddorol fod y diwylliant Sacsonaidd wedi cael y llaw uchaf yn Lloegr drwy ddulliau apartheid. Yng nghyfreithiau Ine, Brenin Wessex ddiwedd y seithfed a dechrau'r wythfed ganrif, nodir gwerth bywydau pobl. O ladd rhywun, roedd yn rhaid talu iawndal am eu bywyd. Roedd bywyd Brython yn werth hanner bywyd Eingl-Sacson. Awgryma hynny fod y ddwy gymdeithas (y Brythoniaid a'r Eingl-Sacsoniaid) yn parhau ochr yn ochr yn Lloegr. Ceir enwau llefydd yn Lloegr sy'n cadarnhau hynny. Ond yn sgil haneru gwerth bywydau'r Brythoniaid, dros amser, mae'n debyg fod cyfoeth ac adnoddau wedi cael eu cymryd o'r cymdeithasau Brythonig hyn. Felly, dros gofnod o ganrifoedd, roedd y gymdeithas honno wedi dirywio'n raddol a'r llall wedi mynd yn ddominyddol oherwydd natur y gyfraith. Oherwydd nad oedd yna ryfeloedd a chymaint o ymladd yn y cyfnod hwn, rydan ni'n dueddol o feddwl fod cymdeithas yn eithaf delfrydol ond dyma enghraifft o ffordd gwbl heddychlon o ddinistrio cymdeithas.

Sut roedd y map o Ynys Prydain yn edrych erbyn hyn?

Mae'n swnio'n simplistig, ond yn fras roedd yr Eingl-Sacsoniaid wedi cyrraedd yn y dwyrain ac wedi gwthio tua'r gorllewin wrth i'r cyfnod fynd yn ei flaen. Roedd y Brythoniaid yng Nghymru ac yng Nghernyw ac roedd teyrnas Frythonaidd yn y Gogledd.

Roedd 3 teyrnas bwysig yn Lloegr – Northumbria, Mercia a Wessex ac roedden nhw'n edrych i'r gorllewin. Felly, roedd Northumbria yn edrych tua'r gogledd-ddwyrain, Mercia tua Chymru a Wessex tua Chernyw.

Aeth llywodraeth sifil yn deyrnasoedd bychain wedi eu harwain gan unigolion mewn system nad ydan ni cweit yn ei deall mewn gwirionedd. Datblygodd y teyrn, sef sef rhyw fath o arweinydd neu bennaeth – Gwrtheyrn, er enghraifft. Y teyrniaid hyn roedd Gildas yn eu beirniadu. O fewn yr hyn rydan ni'n ei adnabod fel Cymru, roedd yna deyrnasoedd, er enghraifft, Gwynedd, Ceredigion, Dyfed, Gwent a Phowys. Roedd balans y pŵer yn y teyrnasoedd hyn, pwy oedd yn rheoli lle ac enwau'r teyrnasoedd yn newid gydag amser.

Mae'r rhan fwyaf o'r hyn rydan ni'n wybod am y teyrnasoedd hyn yn dod o lenyddiaeth Gymraeg ddiweddarach ac yn aml, mae temtasiwn i lenwi'r map oherwycd fod yna fylchau ynddo.

Testunau llenyddol

Daw un o'r testunau hanesyddol pwysicaf o'r cyfnod Canol Oesol o Northumbria, sef gwaith Beda. Mae ei gyfrol *Historia Ecclesiastica Gentis Anglorum* (Hanes Eglwysig y Saeson), ysgrifennwyd yn 731, yn ffynhonnell bwysig ar gyfer hanes cynnar gwledydd Prydain, er gwaethaf rhagfarn amlwg yr awdur yn erbyn y Brythoniaid.

Un rheswm roddodd Beda dros gasáu'r Brythoniaid yw oherwydd eu perthynas â Christnogaeth. Roedd y Brythoniaid yn Gristnogion ar ôl i'r Rhufeiniaid adael, tra bod yr Eingl-Sacsoniaid yn Baganiaid. Yn ôl Beda, doedd y Brythoniaid ddim wedi gwneud unrhyw ymdrech i helpu i droi'r Eingl-Sacsoniaid at Gristnogaeth. Rydan ni'n gwybod fod hyn yn *fake news*!

Mae testun a ysgrifennwyd yng Ngwynedd, *Historia Brittonum* (Hanes y Brythoniaid) a briodolir i fynach yn Abergele, Nennius, yn rhoi darlun gwahanol i ni o hanes y Brythoniaid. Dadleuodd fod gan y Brythoniaid rôl bwysig i chwarae yn troi'r Eingl-Sacosoniaid at Gristnogaeth, er enghraifft, mae'n sôn am Rhun ab Urien, o un o deyrnasoedd Brythonig gogledd Lloegr mae'n debyg, yn bedyddio un o frenhinoedd Northumbria.

Mae yna lawer o bethau diddorol am y testunau hyn. Sonia Beda er enghraifft am y person cyntaf a gyfansoddodd lenyddiaeth yn Saesneg ac mae enw

Cymraeg ganddo sef Cædmon (Cadfan). Enwau Cymraeg sydd ar rai o frenhinoedd cynharaf Wessex hefyd.

Ceir llawysgrifau o'r drydedd ganrif ar ddeg ymlaen sy'n gofnodion pwysig. Mae'r testunau hyn, er wedi eu cofnodi yn y drydedd ganrif ar ddeg, yn debygol o ddyddio'n ôl lawer yn gynharach na hynny, hynny yw mi gafodd y wybodaeth ei throsglwyddo ar lafar cyn ei chofnodi yn swyddogol. Tybir fod bwlch mawr rhwng y cyfnod cyfansoddi a chyfnod y cofnodi, sy'n ei gwneud hi'n anodd iawn i ddyddio testunau.

Byd rhai o'r llawysgrifau hyn ydi'r teyrnasoedd Brythonig hyn yng ngogledd Lloegr a de'r Alban o'r chweched ganrif. Un o'r rhai mwyaf diddorol ydi'r Gododdin. Roedd y Gododdin yn llwyth ac yn deyrnas Frythonig yn yr Hen Ogledd, sef de-ddwyrain Yr Alban a gogledd-ddwyrain Lloegr.

Roedd canolfan y deyrnas yn Din Eidyn (Caeredin heddiw). Ond mae'r Gododdin hefyd yn enw ar gerdd am frwydr yng Nghatraeth – cerdd a briodolir i'r bardd Aneirin.

Ceir dwy fersiwn o'r gerdd ac mae'n ymddangos ei bod wedi newid gydag amser. Tyfodd i fod yn glasur dros y blynyddoedd, bron yn grair ac ystyriai'r bobl yng Nghymru yr Hen Ogledd fel theatr bron i'r byd a gollwyd.

HISTORIA BRITTONUM

Testun a gyfansoddwyd mae debyg tua chanol y 9fed ganrif.

Ynddo sonnir am gyfnodau gwahanol o hanes; chwech oes y byd, hanes cynnar Prydain ac Iwerddon a chyfnod y Rhufeiniaid. Sonnir hefyd am hanes y sant Garmon (*Germanus*) ym Mhrydain, chwedl Gwrtheyrn a Hengist, hanes bywyd Sant Padrig, hanes Arthur, hanes Yr Hen Ogledd, dinasoedd Prydain a rhyfeddodau Prydain (*Mirabilia Britanniae*).

Llychlynwyr:
Gwŷr o Lychlyn, Sgandinafiaid, Norwyaid. Bu'r Llychlynwyr yn masnachu, yn brwydro ac yn adeiladu gwladfeydd ledled moroedd ac afonydd Ewrop ac ar arfordir dwyreiniol Gogledd America o 800 hyd 1050.

O symud i'r ddegfed ganrif, mae cerdd sy'n ymddangos yn *Llyfr Taliesin*, cerdd ddarogan o'r enw *Armes Prydain* sy'n edrych ymlaen at gyfnod pan fydd yr Eingl-Sacsoniaid yn cael eu gwthio yn ôl o Brydain. Roedd cysylltiad y Brythoniaid gydag Ynys Prydain gyfan yn bwysig i hunaniaeth y Cymry yn y Canol Oesoedd cynnar. Roedd *Armes Prydain* yn parhau i weld tiroedd yr Eingl-Sacsoniaid yn anghyfiawn – tiroedd y Brythoniaid, hynny yw, y Cymry oedd y rhain i fod. Galwa'r gerdd ar wŷr y gogledd a'r Gwyddelod a'r Llychlynwyr i ddod i helpu'r Cymry i frwydro yn erbyn y Sacsoniaid. Mae'n debyg i ryw fath o *Avengers Assemble* pan elwir ar yr holl arwyr i ddod at ei gilydd i frwydro dros un achos!

Felly roedd hanes yn cysylltu'r bobl gyda'i gilydd. Roedd iaith yn hollbwysig hefyd ac roedd y gwahaniaeth ieithyddol rhwng y Brythoniaid a'r Eingl-Sacsoniaid yn cael ei amlygu'n gyson. Er enghraifft, yn *Historia Brittonum*, fe ddywedir yn aml, 'dyma yw enw'r lle yn iaith y Saeson' a 'dyma yw enw'r lle yn ein hiaith ni'.

Diwedd yr Oesoedd Tywyll

O nesáu at ddiwedd yr Oesoedd Tywyll, oedd 'Cymru' yn bodoli erbyn hyn?

Cwestiwn cymhleth. Roedd Cymru fel cenedl ac endid yn datblygu drwy'r cyfnod hwn. Yr hyn ddechreuodd ddatblygu yn y ddegfed ganrif oedd y syniad o Gymry fel pobl sy'n uned o fewn y Brythoniaid. Felly roedden nhw'n parhau i weld eu hunain fel Brythoniaid, fel trigolion Ynys Prydain gyfan oedd â chysylltiadau â'r Brythoniaid oedd yn byw yng Nghernyw a'r Gogledd, ond roedden nhw'n hefyd erbyn hyn yn gweld eu hunain fwy fel Cymry, sef trigolion yr uned rydan ni'n ei hadnabod fel Cymru heddiw.

Mae bywgraffiad o Alffred, brenin ar y deyrnas Eingl-Sacsonaidd ddeheuol Wessex o 871 hyd 899, gan Asser, mynach o Dyddewi, yn dystiolaeth ddiddorol yn hyn o beth. Ynddo cyfeiria Asser at Frythoniaid a 'Britannia'. Defnyddia 'Britannia' mewn modd sy'n gwneud i ni feddwl mai cyfeirio at Gymru y mae. Er enghraifft, dywed fod Offa wedi adeiladu clawdd rhwng 'Britannia' a 'Mersia' ac ymddengys mai 'Cymru' a olygir gyda 'Britannia' yma.

Pryd yn union oedd diwedd yr Oesoedd Tywyll?

Mae'n anodd nodi union ddiwedd yr Oesoedd Tywyll yng Nghymru. Wrth gwrs, mae haneswyr Lloegr yn cyfeirio at 1066 fel torbwynt ond nid yw'r dyddiad hwn yn arwyddocaol yng nghyd-destun Cymru.

Grŵp ychwanegol a gafodd ei ychwanegu i'r gymysgedd o bobl oedd y Normaniaid – felly roedd yna Gymry, Gwyddelod, Eingl- Sacsoniaid a Normaniaid. Mae tystiolaeth o'r croniclau Cymraeg yn dangos nad oedd y Cymry'n gweld y Normaniaid yn ddim gwahanol i unrhyw grŵp arall mewn difrif.

Os oes raid rhoi dyddiad cyfleus, efallai mai 1093 yw'r dyddiad. Yn y flwyddyn hon, lladdwyd brenin Deheubarth Cymru, Rhys ap Tewdwr, gan y Normaniaid. Yn y flwyddyn hon, yn ôl y croniclau, fe beidiodd brenhinoedd deyrnasu yng Nghymru, ac eithrio Brenin Lloegr. Ac erbyn y pwynt yma, roedd Gwynedd fwy neu lai wedi ei choncro gan y Normaniaid ac aeth y Normaniaid yn eu blaenau tua'r de. Dim ond yn y blynyddoedd wedi hynny y llwyddodd y Cymry i ailsefydlu eu hunain yn erbyn y Normaniaid.

Castell Caernarfon

Croes Maen Achwyfan, Chwitffordd

Y LLYCHLYNWYR

Newidiodd pethau ychydig bach gyda dyfodiad y Llychlynwyr yn y nawfed ganrif. Erbyn hyn, roedd yna Frythoniaid, roedd y Llychlynwyr yn eu mysg mewn pocedi o gymdeithas ac roedd yr Eingl-Sacsoniaid i'r dwyrain.

Er eu hymosodiadau rheolaidd (ym Môn er enghraifft), yn wahanol i lawer o wledydd gogledd-orllewin Ewrop, nid ymddengys iddynt ymsefydlu yng Nghymru ar raddfa fawr, er bod tystiolaeth o safleoedd megis Llanbedrgoch ar Ynys Môn yn awgrymu y gallent fod wedi ymsefydlu ar raddfa fechan. Yn ddiddorol, roedd *Armes Prydain* yn parhau i weld yr Eingl-Sacsoniaid fel bygythiad a'r Llychlynwyr fel cynghreiriad i gynorthwyo. Er enghraifft, cynghreiriodd Anarawd ap Rhodri, mab Rhodri Fawr a Brenin Gwynedd â'r Llychlynwyr yn Efrog.

Yn sicr, roedd dylanwad y Llychlynwyr yn mynd tu hwnt i wleidyddiaeth ac ymladd a chynghreirio. Roedd llawer o fasnachu'n digwydd, yn enwedig wedi iddyn nhw sefydlu eu hunain yn Nulyn. Rydan ni'n gwybod hynny yn sgil y ceiniogau gafodd eu darganfod mewn lleoliadau fel Llanbedrgoch.

Roedd eu dylanwad i'w gweld ar gerrig a'r ffordd roedden nhw'n creu croesau. O edrych ar rai o'r croesau yng ngogledd Cymru, mae tebygrwydd gyda'r rhai yn Iwerddon, Ynys Manaw a rhai yng ngogledd Lloegr.

Yn ddiddorol, yn ystod y ddegfed ganrif, datblygodd y berthynas gyda Lloegr ochr yn ochr â'r berthynas â'r Llychlynwyr. Rheswm posib dros hyn yw i oruchafiaeth brenhinoedd Lloegr dros y Cymry gynyddu ac fe godwyd trethi. Mae William of Malmesbury, hanesydd o'r 12fed ganrif, yn sôn fod y Brenin Æthelstan oedd yn teyrnasu yn y 930au wedi cael brenhinoedd Cymru i ymostwng iddo ac iddo ofyn am drethi blynyddol o aur, arian, 25,000 o ychen a da. Yn sicr, cynyddodd pŵer brenhinoedd Lloegr yn y ddegfed ganrif.

Fe wnaeth rheolaeth y Llychlynwyr greu a chryfhau cysylltiadau newydd eraill – mae gan groes Maen Achwyfan addurniad Llychlynnaidd arni, ond mae'n debygol bod yr enw Achwyfan yn cyfeirio at Cwyfan, *Cóemgen* yn yr Hen Wyddeleg, Sant Glendalough heb fod ymhell o Ddulyn. Felly fe ddatblygodd cysylltiadau crefyddol gydag Iwerddon ochr yn ochr â rheolaeth y Llychlynwyr dros y môr.

OES Y TYWYSOGION

Oes y Tuduriaid

Yr Oesoedd
Canol Diweddar

Oes y Tywysogion

Yr Oesoedd
Tywyll
(Yr Oesoedd
Canol Cynnar)

Oes y Rhufeiniaid

Cyn-hanes

YR ARBENIGWR:

DR SARA ELIN
ROBERTS

Ydi'n gywir i alw'r cyfnod hwn yn 'Oes y Tywysogion'?

Mae'n derm sy'n cael ei ddefnyddio ond fel gyda phob oes, mae'n anodd dweud pryd yn union mae'n dechrau a gorffen. Yn gyffredinol, yr Oesoedd Canol a Chanol yr Oesoedd Canol sydd dan sylw – o tua chanol yr 11fed ganrif, pan gyrhaeddodd y Normaniaid hyd at gwymp Llywelyn ein Llyw Olaf yn 1282. Wrth gwrs, rhaid cofio nad ydi'r dyddiad 1066 yn arwyddocaol i ni yma yng Nghymru – wnaeth y Normaniaid ddim concro Cymru mewn un goncwest. Goresgynnodd y Normaniaid ddwyrain Cymru am y tro cyntaf tua diwedd yr unfed ganrif ar ddeg.

Y Tywysogion yng Nghymru

Yn y cyfnod hwn, nid oedd 'Brenin' yn uwch na 'Tywysog'. Roedd y gair 'tywys' yn rhan bwysig o'r gair, hynny yw, un oedd yn arwain.

Penaethiaid ar diriogaethau gwahanol oedd y tywysogion. Roedd ganddynt deyrnas a phobl oddi tanynt. Roedden nhw fel arfer yn dod o linach o deulu o bwys – roedd gwreiddiau rhai ohonynt wedi dechrau cyn amser y Rhufeiniaid. Efallai eu bod yn bobl oedd wedi arwain grŵp o bobl ar lefel fechan a'u pŵer wedi parhau. Roeddent yn hoff o olrhain eu hachau yn ôl i Adda ac Efa – mae ambell i linell yn y llawysgrifau yn cyfeirio at hyn. Roedd gwybod pwy oedden nhw, pwy oedd eu rhieni a'u teulu a'u gwreiddiau yn ffordd o ddangos eu bonedd.

Y broblem sydd ganddon ni yng Nghymru ydi nad ydan ni yn gallu siarad am Gymru fel un wlad yn y cyfnod hwn. Doedd Cymru ddim dan un arweinydd, ond yn hytrach, roedd teyrnasodd gwahanol. Felly byddai pobl Gwynedd a phobl Powys a phobl y Deheubarth yn garfannau ar wahân, yn cael eu harwain gan dywysogion gwahanol, er eu bod nhw'n gwybod mai Cymry oedden nhw.

Sut gymdeithas oedd hi?
Roedd y gymdeithas wedi ei strwythuro ar siâp pyramid. Ar y top roedd y brenin, y brëyr neu'r bonheddwr; yna'r gwŷr rhydd oedd yn dal tir; wedyn y taeog ac yna alltud, sef rhywun o du allan i Gymru oedd wedi ymsefydlu yma.

Ceir cyfeiriadau at gaethweision hefyd. Ymddengys bod Cymru wedi cadw caethweision am gyfnod hirach na Lloegr.

Roedd y bobl hyn yn byw mewn cymdeithasau clos, bychan – pentrefi yn y bôn.

Roedd beirdd yn bwerus. Datblygodd rôl y bardd yn ystod oes y tywysogion. Erbyn y cyfnod hwn, roedden nhw'n gynghorwyr i'r tywysog.

O ran statws, roedd y cyfreithwyr yn agos iawn i'r beirdd ac yn wir yn dod o'r un teuluoedd yn aml. Yn amlwg, oherwydd eu bod yn sgwennu'r cyfreithiau, byddai'r cyfreithwyr yn rhoi statws arbennig i'w hunain

Ni allai merched ddal tir nac eiddo ac ni chaent siarad yn y llys. Roedd un o bob tair o ferched yn marw wrth eni plant. Adlewyrchir agweddau'r cyfnod ymhellach yng ngwerth bywyd merch – os oedd merch heb briodi, roedd hi'n werth hanner ei brawd ac os oedd hi'n briod, roedd hi'n werth hanner ei gŵr.

Sut oedd y bobl yn cael eu rheoli?

Roedd y gyfraith yn hollbwysig, sef, Cyfraith Hywel Dda.

HYWEL DDA

Roedd Hywel Dda neu Hywel ap Cadell (c. 880-950) yn dod o linach o dywysogion. Ef oedd mab ieuengaf Cadell ap Rhodri ac ŵyr Rhodri Mawr.

Yn 905, concrodd Cadell, tad Hywel, deyrnas Dyfed a'i rhoi i Hywel i'w rheoli. Ar farwolaeth ei dad, cafodd Hywel gyfran o Seisyllwg, ac yna unodd Dyfed a Seisyllwg, Ceredigion ac Ystrad Tywi i greu teyrnas newydd sef y Deheubarth. Yn hwyrach, llwyddodd i gipio Gwynedd ac ymddengys iddo ychwanegu Powys hefyd, gan lwyddo i gael tua tri chwarter Cymru o dan ei reolaeth.

Ond roedd hi'n anodd dal gafael ar diriogaeth. Ni lwyddodd mab Hywel i ddal ei afael ar y tir wedi marwolaeth ei dad.

Cyfraith Hywel Dda

Er gwaetha'r enw, ni cheir unrhyw lawysgrif sy'n dyddio i gyfnod Hywel ei hun, felly ystyrir i enw Hywel gael ei gysyl.tu â'r cyfreithiau er mwyn sefydlu awdurdod.

Roedd y gyfraith wedi cael ei chyfansoddi gan gyfreithwyr ar gyfer cyfreithwyr. Yn ôl rhaglithiau y llawysgrifau cyfreithiol, daeth cyfreithwyr a chlerigwyr o bob cwr o Gymru ynghyd yn Hendy-gwyn ar Dâf i gasglu, diwygio, dileu a chreu cyfreithiau newydd.

Olion Llys Rhosyr heddiw

TERM ALLWEDDOL

Distain: Prif ystiward llys; rheolwr; capten y gwarchodlu. Yn wreiddiol, ei swyddogaeth yn y cyfreithiau oedd edrych ar ôl llestri'r wledd. Dywedir yng Nghyfraith Hywel mai'r distain sydd yn cael meddiant yn y gegin ac yn cael gosod bwyd a diod i'r brenin. Newidiodd rôl y distain gydag amser. Erbyn cyfnod Llywelyn Fawr, roedd distain yn brif gynghorydd i'r brenin. Y distain enwocaf mae'n debyg yw Ednyfed Fychan, distain llys teyrnas Gwynedd a wasanaethodd Llywelyn Fawr fel canghellor.

Yn ôl y gyfraith, os oedd rhywun yn byw yng Nghymru, roedden nhw'n atebol i Gyfraith Hywel Dda. Os oedd rhywun yn 'alltud anghyfiaith' sef rhywun oedd ddim yn siarad Cymraeg, ac mi allwn gasglu mai Saeson oedd y rhain gan amlaf, doedd ganddyn nhw ddim llawer o hawliau o fewn y gyfraith.

Daw'r llawysgrif gynharaf o Gyfraith Hywel Dda o tua 1250. Mae'r cyfreithiau yn llawysgrifau tew oherwydd y bwriad oedd bod cyfraith ar gyfer unrhyw fater posib. Y broblem gyda hyn yw ei bod yn anodd gwybod os oedden nhw wir yn dilyn y cyfreithiau go iawn. Yn ogystal, roedd ychwanegiadau yn cael eu gwneud i'r cyfreithiau'n gyson.

Delfryd oedd y cyfreithiau. Dyma sut y dymunai'r cyfreithwyr i gymdeithas weithredu, er enghraifft; ceir disgrifiadau o'r tywysog yn hamddena ac yn hela a disgrifiadau ynglŷn â sut y dylid cynnal

Cyfraith tir

Ar farwolaeth penteulu, rhennid ei diroedd yn gyfartal rhwng ei feibion. Roedd gan feibion anghyfreithlon yr un hawl ar y tir â meibion cyfreithlon – cyn belled bod y tad wedi eu cydnabod yn feibion iddo. Roedd hyn yn arwyddocaol ar gyfer tywysogion Cymry, gan y golygai fod teyrnasoedd yn cael eu rhannu'n gyson heb obaith am undod parhaol. Roedd hyn yn wahanol i deyrnas brenin Lloegr, lle'r etifeddai'r cyntaf-anedig y deyrnas gyfan.

Er bod rhyfeloedd yn brin, cafwyd sawl ymrafael ac ymosodiadau dros diroedd. Os oedd gan rywun lawer o feibion, âi'r tir yn llai ag yn llai. Felly roedd y tywysogion oedd eisiau tiroedd sylweddol yn ymladd gyda'u brodyr. Ceir sawl enghraifft o hyn, er enghraifft, Brwydr Pentraeth yn Ynys Môn rhwng meibion Owain Gwynedd.

Yn ôl Cyfraith Hywel, ni châi rhywun anabl berchnogi tir felly byddai pobl yn aml yn gwneud ei gilydd yn anabl trwy ddallu. Ond nid oedd dallu yn unig yn ddigon oherwydd gallai mab dyn anabl etifeddu'r tir. Felly er mwyn rhwystro hynny, byddent yn sbaddu ei gilydd.

Byddai un mab yn rhannu'r tir a'r mab arall neu'r meibion eraill yn dewis tir. Os oedd mab wedi marw o flaen ei dad, byddai ei ran ef yn mynd i'w feibion. Wedi marwolaeth yr olaf o'r meibion, byddai'r tir yn cael ei rannu eto, gydag wyrion y perchennog cyntaf yn cael rhannau cyfartal. Ar farwolaeth yr olaf o'r wyrion, rhennid y tir eto rhwng y gorwyrion.

Os oedd dadl ynglŷn â pherchenogaeth tir, cynhelid llys ar y tir a hawlid. Dywedwyd bod y Brenin yn bresennol ac fe safai gyda'i gefn at yr haul rhag i'r tywydd amharu ar ei wyneb! Byddai'r ddau hawlydd yn dod â thystion i gefnogi eu hachos. Fel arfer, nid llygad dystion oedd y rhain ond pobl fyddai'n 'tystio' i'r sefyllfa.

gwledd pan fo'r tywysog yn ymweld â llysoedd gwahanol fel Rhosyr, Aberffraw neu Abergwyngregyn. Yn ôl y cyfreithiau, dylai'r bobl leol ei fwydo gyda swm penodol o wenith a cheirch a sonnir y dylai casgen y medd fod yn ddigon mawr i'r brenin a'i brif ddyn gymryd bath ynddo efo'i gilydd!

Delio â hawliau a dyletswyddau'r brenin a swyddogion ei lys y mae'r rhan gyntaf o'r cyfreithiau. Disgrifir hwy yn ôl trefn eu pwysigrwydd; yn gyntaf y brenin, yna'r frenhines a'r *edling* – y gŵr oedd wedi ei ddewis i deyrnasu ar ôl y brenin. Dilynir hwy gan swyddogion y llys; nodir 24 o'r rhain yn y rhan fwyaf o'r llawysgrifau: Penteulu, Offeiriad teulu, Distain, Ynad Llys, Hebogydd, Pen-gwastrawd, Pen-cynydd (edrych ar ôl cŵn), Gwas ystafell, Distain brenhines, Offeiriad brenhines, Bardd teulu, Gostegwr llys, Drysor neuadd, Drysor ystafell, Morwyn ystafell, Gwastrawd afwyn, Canhwyllydd, Trulliad, Meddydd, Swyddwr llys, Cog, Troedog, Meddyg llys a Gwastrawd afwyn brenhines. Nodir dyletswyddau a hawliau pob un o'r rhain.

Cyfreithiau eraill

Roedd y gyfraith yn cael ei gweld fel symbol o gyfnod gwaraidd. Roedd llawer o ymddiriedaeth yn y cyfreithiau a rhagdybiaeth na fyddai neb yn dweud celwydd a hynny oherwydd bod celwydd yn arwain rhywun i uffern. Felly roedd Duw yn chwarae ei ran yn y cwbl – dyma'r bygythiad eithafol ac nid oedd y bobl eisiau mynd i uffern.

Nid oedd Cyfraith Hywel Dda yn system fyddai'n cosbi fel y cyfryw. Y bwriad oedd cadw cymdeithas i redeg heb i bethau fynd yn rhy flêr! Roedd iawndal yn hollbwysig. Nid system foesol oedd hi. Y dybiaeth oedd bod gwladwriaeth gref yn bodoli ac yn gweithredu'r gyfraith o'r top i lawr. Er nad oedd Cymru felly, roedd y system gyfreithiol yn gweithio heb orfod cael tywysog neu arglwydd – ond gweithiai os oedd yna rai hefyd. Felly roedd yn gyfraith hyblyg.

Anaf
Pe bai rhywun yn anafu rhywun arall, roedd rhaid talu gwerth yr anaf. Ceir rhestrau o werth gwahanol aelodau – gwerth llygad, bys, bawd, gwerth ar y dannedd i gyd (dannedd blaen yn werth mwy na'r cefn), creithiau (craith ar wyneb yn fwy), clust (y gwerth yn fwy os nad ydyn nhw'n gallu clywed). Roedd taliad ychwanegol, sef sarhad, os oedd y weithred yn fwriadol.

Lladd rhywun arall: Galanas
Pe bai rhywun yn cyflawni galanas, ni roddid y gosb eithaf. Telid galanas i deulu'r un a lofruddiwyd gan y llofrudd a'i deulu. Er enghraifft, tasai Tudur yn lladd Dyl, byddai'n rhaid i Tudur dalu gwerth bywyd Dyl i deulu estynedig Dyl. Byddai holl deulu Tudur yn gorfod talu'r iawn yma – ei fam a'i dad a brodyr a chwiorydd, yna cefndryd, cyfyrder, ceifn, a gorcheifn (pedwerydd cefnder).

Tudur ei hun fyddai'n talu'r siâr fwyaf (sef traean) a byddai'r tâl yn mynd yn llai ac yn llai nes cyrraedd gorcheifn. Felly roedd y teulu cyfan yn cymryd cyfrifoldeb am y weithred ac yn talu i deulu Dyl amdani. Y bwriad tu ôl i hyn oedd rhwystro'r dial. Roedd y taliad oedd yn ddyledus yn amrywio yn ôl statws y person oedd wedi ei effeithio, er enghraifft, pe bai Dyl yn uchelwr byddai'n werth rhyw fuwch a hanner.

Dwyn

Roedd rhai cyfreithiau ymhell ar y blaen, er enghraifft, ceir ymdriniaeth soffistigedig o gyfraith ddwyn. Dengys Cyfraith Hywel Dda bod gwahanol lefel o ddwyn – ceir cymryd gan rywun sy'n fenthyg, ceir cymryd gan rywun sy'n ddwyn a cheir cymryd sy'n 'anghyfarch' sef rhywbeth sydd yn y canol. Enghraifft o anghyfarch yw pan gymerir rhywbeth (buwch fel arfer) – nid yw'n fenthyciad oherwydd ni ofynnwyd am ganiatâd ond nid yw'n ddwyn chwaith oherwydd efallai ei fod yn bwriadu ei gymryd am gyfnod penodol a'i ddychwelyd. Ni chafwyd gair yng nghyfraith Lloegr am hyn tan y chwedegau ac fe'i crëwyd ar gyfer delio gyda dwyn ceir sef 'joyriding'. Y gair heddiw ydi 'twocking' – Taking Without Consent.

Merched

Ceir cyfreithiau yn ymdrin â phriodas a rhannu'r eiddo pe byddai'r pâr priod yn gwahanu. Nid oedd hyn yn boblogaidd gyda'r Normaniaid yn Lloegr, fe âi yn groes i gyfraith yr eglwys. Ond yng Nghyfraith Hywel, nid sacrament oedd priodas ond cytundeb.

Roedd modd sefydlu priodas mewn dwy ffordd. Y dull arferol oedd bod y ferch yn cael ei rhoi i ŵr gan ei theulu. Cytundeb oedd hyn. Byddai'r ferch yn cael 'cowyll' sef rhywbeth bach y bore canlynol am golli ei gwyryfdod. Golyga 'cowyll' benwisg, felly efallai ei bod yn newid ei

CWESTIYNAU DYRYS DYL!

Sut bobl oedd tywysogion y cyfnod yma? Mae'n ddiddorol oherwydd mae gen ti garfan o Gymry sy'n feirniadol o'r teulu brenhinol heddiw ond sy'n rhoi'n tywysogion ni fel Llywelyn Fawr ar bedestal.

Mewn gwirionedd, fel heddiw, roedd pob tywysog yn pegynnu barn. Cymerer Llywelyn ap Gruffudd (Llywelyn ein Llyw Olaf). Un o'r ffyrdd hawsaf o baratoi at wrthryfel mewn unrhyw gyfnod ydi drwy godi treth. Mae 'na gostau cyn mynd i ryfel felly roedd Llywelyn ein Llyw Olaf wedi bod yn reit drwm ar ei bobl ei hun yn codi'r dreth i gynnal y rhyfel. Ceir brawddeg yn *Brut y Tywysogion*, cronicl Cymreig canoloesol, sy'n cyfeirio at frad mewn clochdy ym Mangor yn erbyn Llywelyn gan ei wŷr ef ei hun, felly roedd 'na bobl nad oedd yn gwbl gefnogol i Llywelyn.

phenwisg neu yn dechrau gwisgo un i ddangos ei bod bellach yn 'wraig' ac nid 'morwyn' (sef gwyryf).

Yr ail ffordd oedd y gallai merch fynd ymaith gyda gŵr heb gydsyniad ei theulu. Os digwyddai hyn, gallai'r teulu ei gorfodi i ddychwelyd os oedd yn dal i fod yn wyryf, ond os nad oedd, ni allent ei gorfodi i ddychwelyd. Os oedd y berthynas rhyngddi hi a'r gŵr yn para am saith mlynedd, byddai ganddi wedyn yr un hawliau cyfreithiol â phetai wedi cael ei rhoi gan ei theulu. Petai'r pâr yn ymwahanu wedi bod yn briod am saith mlynedd neu fwy, roedd gan y ferch hawl i hanner yr eiddo.

Dywedir yn y cyfreithiau: 'Os bydd yn ei gadael wedi saith mlynedd, dylai [popeth] gael ei rannu'n ddau hanner rhyngddynt oni ddyry braint fwy i'r gŵr. Daw dau draean o'r plant i'r gŵr: yr hynaf a'r ieuengaf, a'r traean i'r fam. Os angau a fydd yn eu gwahanu, dylai popeth gael ei rannu'n ddau hanner rhyngddynt.'

Câi'r gŵr guro ei wraig. Meddir: 'Os dywaid gwraig air cywilyddus wrth ei gŵr, dylai dalu tair buwch yn *gamlwrw* (dirwy) i'w gŵr, oherwydd ei harglwydd yw, neu caiff y gŵr ei tharo hi â gwialen cyhyd â'i fys canol dri dyrnawd yn lle bynnag y mynno, ar wahân i'w phen.'

Petai gwraig yn dod o hyd i'w gŵr gyda merch arall, roedd ganddi hawl i iawndal o chwe ugain ceiniog ganddo y tro cyntaf, a phunt yr ail dro. Y trydydd tro, byddai ganddi'r hawl i'w ysgaru. Os oedd gan y gŵr ordderch, roedd gan y wraig yr hawl i daro'r ordderch heb dalu iawndal, hyd yn oed os byddai hynny'n achosi ei marwolaeth.

Tiriogaeth

Llwyddodd yr arglwyddi Seisnig, arglwyddi'r Mers, i raddol gymryd rheolaeth o ddwyrain a de Cymru. Yn ystod y cyfnod hwn, bu llawer o frwydrau rhwng tywysogion Cymru ac arglwyddi'r Mers. Roedd hi'n broses araf oherwydd mai gwlad o deyrnasoedd bychan oedd Cymru ac felly dim ond teyrnasoedd bychan y gallai'r Saeson eu gorchfygu ar y tro. Yn ogystal, ymladdai'r Cymry gyda thactegau *guerilla*. Golygai hyn lawer o ymosodiadau bach yn hytrach nag un frwydr fawr ac yn aml, byddai'r Cymry yn ymosod ac yna'n dianc ac yn cuddio. Roedd hi'n anodd hefyd i'r Saeson deithio'n gyflym trwy Gymru yn sgil y tirwedd mynyddig a choediog.

Dowch i ni ganolbwyntio ar un diriogaeth. Mae Gwynedd yn draddodiadol wedi cael llawer o sylw gan haneswyr o bosib oherwydd mai yma oedd teyrnas yr enwau mawr: Llywelyn Fawr a Llywelyn ap Gruffudd – Llywelyn ein Llyw Olaf.

Llywelyn Fawr

Roedd Llywelyn Fawr, neu Llywelyn ab Iorwerth (1173-1240), yn ŵyr i Owain Gwynedd. 'Oes Aur' Gwynedd oedd oes Owain Gwynedd, ond wedi ei farwolaeth cafwyd cyfnod ansefydlog gyda disgynyddion Owain yn ymladd am reolaeth.

Yn 1194 gorchfygodd Llywelyn ei ewythr Dafydd ab Owain Gwynedd (ac efallai Rhodri ab Owain Gwynedd hefyd) ym Mrwydr Aberconwy. Erbyn 1199 roedd yn arfer yr ystîl *Tocius norwallie princeps'* (Tywysog Gogledd Cymru Gyfan).

Yn 1201 arwyddodd y cytundeb ysgrifenedig ffurfiol cyntaf yn hanes Cymru rhwng tywysog Cymru a choron Lloegr. Yn y cytundeb roedd cynghorwyr y Brenin John yn cydnabod hawl Llywelyn i orsedd Aberffraw a'r tir a ddaliai ac yn cydnabod hefyd ddilysrwydd Cyfraith Hywel Dda. I gadarnhau ei sefyllfa ymhellach, priododd y Dywysoges Siwan, merch ordderch y Brenin John.

Yn 1208 cipiodd Bowys a gorymdeithiodd â'i fyddin i Geredigion gan sicrhau gwrogaeth yr arglwyddi lleol. Erbyn 1210 roedd awdurdod Llywelyn wedi ei osod ar seiliau cadarn, i bob golwg. Er ei fod yn anghytuno â John a'i olynydd, Harri III o Loegr, weithiau, llwyddodd

Gruffudd yn syrthio

i gadw ei dywysogaeth yn annibynnol. Talwyd gwrogaeth ffurfiol iddo gan y tywysogion Cymreig eraill yng Nghynulliad Aberdyfi 1216.

Ar ôl ei farwolaeth yn 1240, roedd gan Llywelyn ddau fab sef Gruffudd o berthynas gynharach a Dafydd, ei fab gyda Siwan. Yn ôl y gyfraith, nid oedd statws perthynas y tad a'r fam yn gwneud gwahaniaeth – dylai Gruffudd a Dafydd fod wedi cael siâr o'r tir. Ond roedd Llywelyn, efallai dan ddylanwad Lloegr, wedi enwi Dafydd fel ei unig etifedd. Nid dyma oedd dull Cyfraith Hywel.

Treuliodd Gruffudd gyfnod fel gwystl yn Llundain ac yna fe'i rhyddhawyd yn ôl y Magna Carta. Carcharwyd ef gan ei dad a phan ddaeth Dafydd yn dywysog ar ôl ei dad, carcharwyd Gruffudd a'i fab hynaf, Owain, yng nghastell Cricieth. Yna trosglwyddwyd Gruffudd i Harri III o ganlyniad i frwydr enillodd Harri. Fe'i cadwyd yn Nhŵr Llundain a cheisiodd ei wraig ei ryddhau drwy ei gyfnewid am ddau o'u meibion – ond yn ofer. Cadwyd Gruffudd yn y tŵr er mwyn ei ddefnyddio yn erbyn Dafydd. Bu farw Gruffudd yn 1244 wrth geisio dianc o'r tŵr. Dywedir iddo greu rhaff o ddillad gwely ond torrodd y rhaff a disgynnodd Dafydd. Fe'i claddwyd yn Aberconwy.

Llywelyn ap Gruffudd (Llywelyn ein Llyw Olaf)

Roedd Llywelyn ap Gruffudd (c. 1225-1282), yn ail fab i Gruffudd ap Llywelyn ac yn ŵyr i Lywelyn Fawr.

Ar farwolaeth ei ewyrth Dafydd ap Llywelyn, rhannwyd Gwynedd rhwng Llywelyn a'i frodyr. Yn 1255 gorchfygodd Llywelyn ei frodyr a sefydlodd ei hun yn unig reolwr Gwynedd Uwch Conwy. O fewn dwy flynedd roedd llawer o Gymru yn ei feddiant. Wedi hyn, meddiannodd Geredigion, Dyffryn Tywi ac enillodd dir y Normaniaid hyd at Sir Benfro.

Arwyddodd gytundeb Trefaldwyn yn 1267. Yn y cytundeb, cydnabyddodd Brenin Lloegr Llywelyn am y tro cyntaf, a'r tro olaf, yn Dywysog Cymru.

Ar ôl i Edward I gael ei goroni yn frenin Lloegr, gwrthododd Llywelyn dalu teyrngarwch iddo. Arweiniodd yr holl ddrwgdeimlad at ryfel ac erbyn 1276 dim ond Gwynedd oedd yn eiddo i Llywelyn. Ildiodd Llywelyn a bu raid iddo dderbyn telerau Cytundeb Aberconwy 1277.

Yn 1282, ar Sul y Blodau, ymosododd Dafydd ap Gruffudd, brawd ieuengaf Llywelyn ar Gastell Penarlâg, oedd ym meddiant y Saeson, gan ei feddiannu. Ni chefnogodd Llywelyn yr ymosodiad ar y dechrau. Bu farw ei wraig ym mis Mehefin ar enedigaeth ei blentyn, Gwenllian, ac efallai y bu i'r ffaith ei bod

Cilmeri

yn ferch ac nad oedd yn debygol o gael aer fod yn ffactor dros ei benderfyniad i gefnogi'r ymosodiad. Iaddwyd Llywelyn yng Nghilmeri ym mis Rhagfyr. Torrwyd ei ben er mwyn ei arddangos ar bolyn a'i gludo o amgylch Cymru ac yna yn Llundain. Anfonwyd Gwenllian, merch Llywelyn, i leiandy yn Sempringham, Swydd Lincoln am weddill ei hoes. Bu farw yno yn 1337.

Mi ellir felly roi dyddiad ar ddiwedd oes y tywysogion, sef 1282. Er, roedd gan Llywelyn frawd iau, Dafydd, wnaeth ddyfalbarhau efo'r frwydr nes iddo gael ei ddal ger y Bera Mawr, yn y Carneddau ar y 21ain o Fehefin, 1283. Cafodd Dafydd ei 'hanged, drawn and quartered' gan Edward I yn yr Amwythig. Carcharwyd plant Dafydd ym Mryste ac fe roddwyd ei ferched mewn lleiandai.

Meibion Gruffudd

Roedd gan Gruffudd bedwar mab. Yr ail fab oedd Llywelyn, a Dafydd oedd yr ieuengaf, ond beth am y ddau arall?

Owain Goch ap Gruffudd oedd yr hynaf. Roedd Owain yn garcharor gyda'i dad nes fu Gruffudd farw yn y Tŵr yn Llundain. Cafodd ei ryddhau ond nid oedd yng Nghymru pan fu farw'r Tywysog Dafydd, felly ei frawd Llywelyn gipiodd y grym, ond bu Owain a Llywelyn yn gweithio gyda'i gilydd am gyfnod gan rannu Gwynedd rhyngddynt. Yn 1255, ym Mrwydr Bryn Derwin, ymladdodd Owain a Dafydd yn erbyn Llywelyn. Ffodd Dafydd, ond cipiwyd Owain gan ei frawd Llywelyn a chafodd ei garcharu tan 1277, fwyaf tebyg yng nghastell Dolbadarn. Wedi iddo gael ei ryddhau ni chwaraeodd ran yng ngwleidyddiaeth Gwynedd a bu farw tua 1282.

Rhodri ap Gruffudd oedd y trydydd brawd. Ymddengys iddo werthu ei hawl i etifeddiaeth Gwynedd i Llywelyn, a llwyddodd i gael tir yn Tatsfield, Surrey. Bu farw tua 1315 ac ef oedd yr unig un o feibion Gruffudd i farw yn ei wely.

Gwnaeth ei ŵyr, Owain ap Thomas ap Rhodri, neu Owain Lawgoch, geisiadau i hawlio ei etifeddiaeth fel Tywysog Gwynedd, a pharatôdd ddau ymgyrch i fynd i Gymru gyda chefnogaeth Ffrainc. Cafodd ei ladd gan fradlofrudd, a oedd wedi'i gyflogi gan Loegr, yn 1378.

PWY OEDD OWAIN GLYNDŴR?

Mae Cymru ar y map bellach, ac rydan ni am drafod un o'r Cymry enwocaf, Owain Glyndŵr.

YR ARBENIGWYR:

DR RHUN EMLYN

EURIG SALISBURY

Owain ap Gruffudd neu Owain Glyndŵr oedd y Cymro olaf i gael ei alw'n Dywysog Cymru. Mae'i enw wedi goroesi ar hyd y canrifoedd ac mae ei ddylanwad a'i effaith yn parhau yn y ffordd rydan ni'n gweld ein hunain heddiw.

Tua dechrau'r ganrif ddiwethaf, dechreuwyd ei ddarlunio fel arwr gwerin. Mae hynny'n ddiddorol oherwydd, yn ystod ei oes ei hun, ffigwr tywysogaidd, uchelwrol oedd o.

Daw llawer o'r dystiolaeth sydd gynnon ni am Owain o Loegr, ac mae hynny'n golygu bod gogwydd arbennig ar y portread ohono. Mae llythyrau Owain at frenin Ffrainc a'i lythyrau at bobl yng Nghymru wedi goroesi. Ceir cronicl, *Chronicon Adæ de Usk,* gan Adda o Frynbuga sy'n cyfeirio at wrthryfel Glyndŵr. Mae llenyddiaeth hefyd yn ffynhonnell bwysig, ac mae cerddi a gyfansoddwyd i Owain wedi goroesi. Cysylltir y bardd Iolo Goch ag o'n fwy na neb, ond canodd Gruffudd Llwyd, bardd o Bowys oedd yn weithgar ar ddiwedd y bedwaredd ganrif ar ddeg, fawl i Owain hefyd.

Roedd y rhain yn feirdd proffesiynol ac, felly, byddent wedi derbyn nawdd gan Owain. Mae'n debygol fod pob un o'r cerddi hyn, ac eithrio un, wedi eu canu cyn gwrthryfel Glyndŵr ac, felly, doedd gan y beirdd hyn ddim syniad, yn ôl pob tebyg, fod Owain am fynd ati i ddechrau gwrthryfel.

Sut le oedd Cymru yn y cyfnod yma?

Roedd y ganrif cyn gwrthryfel Glyndŵr yn gyfnod o drychinebau – bu sawl newyn ac roedd y Pla Du wedi lladd traean o boblogaeth Cymru, ac roedd y cof am y pethau hynny'n parhau.

Ond roedd y cof am y tywysogion, a lwyddodd i uno rhannau helaeth o Gymru, yn fyw hefyd, ac roedd y cysyniad o Gymru fel un endid – un iaith, un diwylliant, un bobl – yn bodoli. Rhan o swyddogaeth y beirdd oedd cofio ac, felly, roedd barddoniaeth yn chwarae ei rhan yn y gwaith o gadw'r cof am hanes yn fyw.

Roedd dros 100 mlynedd wedi mynd heibio ers i Gymru gael ei choncro gan Edward I ond roedd hynny'n dal i achosi tensiynau. Teimlai'r bobl yn oes Llywelyn Ein Llyw Olaf eu bod yn cael eu trethu'n ormodol, ond mi gododd Edward I hyd yn oed fwy o dreth ar bobl Cymru. Roedd rhai uchelwyr wedi derbyn swyddi gan Edward fel siryfiaid ac wedi arwain catrodau o Gymry ym myddinoedd brenin Lloegr. Ar y llaw arall, roedd uchelwyr eraill wedi colli llawer o dir a statws yn sgil cwymp y tywysogion.

Doedd gan y Cymry ddim llawer o hawliau na chyfleoedd yn eu gwlad eu hunain. Roedd statws cyfreithiol Cymro'n wahanol i Sais, er enghraifft, ac mewn llys barn doedd gair Cymro ddim yn ddigon da yn erbyn Sais. Roedd tensiwn mawr yn bodoli hefyd yn erbyn y bwrdeistrefi fel Caernarfon a Chonwy, a sefydlwyd gan Edward I. Trigolion y bwrdeistrefi hyn oedd yn rheoli ac yn elwa ar fasnach, ond doedd y Cymry ddim i fod i gael byw ynddynt.

Mi oedd yna gymdeithas oedd yn barod i ffrwydro, pe bai rhywun yn ei harwain hi.

IOLO GOCH

Bardd o Ddyffryn Clwyd oedd Iolo, ac roedd yn byw rhwng tua 1320 ac 1400, ond mae'n bosib hefyd iddo fyw i weld y gwrthryfel. Mae'n debygol iddo ganu llawer o gerddi i Owain, ond dim ond llond dwrn sydd wedi goroesi. Yr enwocaf yw cywydd sy'n moli llys Owain yn Sycharth, lle cawsai Iolo groeso cynnes ar bob ymweliad:

Anfynych iawn fu yno
Weled na chlicied na chlo,
Na phorthoriaeth ni wnaeth neb;
Ni bydd eisiau, budd oseb,
Na gwall na newyn na gwarth,
Na syched fyth yn Sycharth.
Gorau Cymro, tro trylew,
Piau'r wlad, lin Pywer Lew,
Gŵr meingryf, gorau mangre,
A phiau'r llys; hoff yw'r lle.

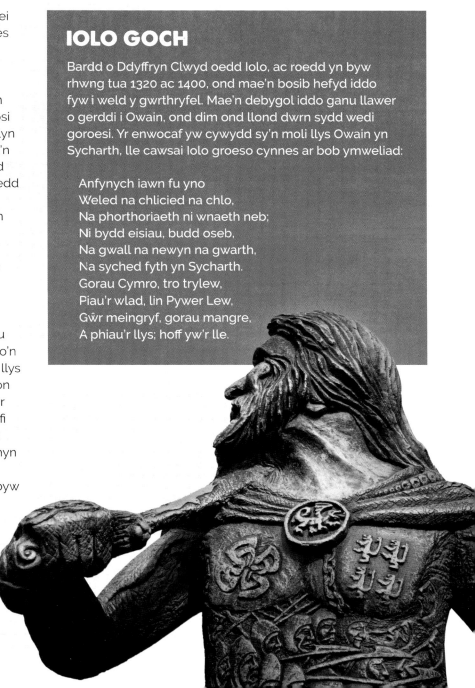

Olion cartref Owain yn Sycharth heddiw

Cefndir Owain

Mae ansicrwydd ynghylch blwyddyn ei eni – naill ai 1354 neu 1359. Deuai o deulu pwysig iawn. Roedd ei dad o deulu tywysogion Powys ac roedd ei fam yn ddisgynnydd i'r Arglwydd Rhys o Ddeheubarth. Roedd ganddo gysylltiadau â brenhinoedd Gwynedd hefyd. Etifeddodd arglwyddiaethau yng Nglyndyfrdwy a Chynllaith, ac roedd canolfan Cynllaith yn Sycharth, ger Llansilin, Powys. Mae disgrifiadau Iolo Goch o Sycharth, cartref Owain, yn ei ddisgrifio fel clamp o le a thiroedd o'i gwmpas. Roedd Owain yn uchelwr cefnog ond, yn hynny o beth, o leiaf, mae'n annhebygol ei fod yn wahanol iawn i lawer o uchelwyr eraill ei ddydd.

Mae'n debyg iddo astudio'r gyfraith yn Llundain, a gwasanaethodd ym myddin Lloegr, ac roedd hynny'n rheidrwydd i lawer o Gymry ar y pryd, er bod rhai wedi gwrthod ac, yn hytrach, wedi dewis ymladd ar ochr Ffrainc. Chwaraeodd Owain ran mewn brwydrau yn erbyn yr Albanwyr ac yn erbyn Ffrainc – sef, yn eironig ddigon, yr union bobl y byddai'n gofyn am eu cymorth i frwydro'n erbyn Lloegr maes o law.

Roedd Owain, felly, yn aelod o haen uchaf y gymdeithas yng Nghymru, ac wedi cael gyrfa a bywyd da. Ac ystyried hynny, mae'n anodd dweud pam yn union y dechreuodd Owain wrthryfel. Mae llawer o'r croniclau'n dweud pethau gwahanol ac mae'n debygol fod llawer o dystiolaeth wedi ei cholli yn sgil y gwrthryfel ei hun. Mae'n wybyddus i anghydfod ynghylch tir godi yn 1400, a hynny rhwng Owain a'r Arglwydd Grey o Ruthun, ac fe ochrodd Harri IV â Grey. Roedd yr annhegwch personol a brofodd Owain yn symbol o'r cwynion oedd gan y Cymry'n gyffredinol. Roedd Owain yn ei bedwardegau cynnar ar y pryd, ac mae'n rhaid ei fod yn ymwybodol o'r peryglon yn sgil dechrau gwrthryfel – gallai golli ei dir, ei wraig, ei blant a'i fywyd. Mae'n amlwg fod ganddo weledigaeth ar gyfer Cymru, ond efallai fod a wnelo'r penderfyniad i wrthryfela gryn dipyn â balchder a hunan-barch hefyd. Mae'n dweud llawer fod Owain ac eraill yn yr haen uchaf yn y gymdeithas yn teimlo nad oedden nhw'n cael eu parchu.

Dechrau'r Gwrthryfel

Dechreuodd Owain ei wrthryfel ar 16 Medi 1400, yng Nglyndyfrdwy drwy ddatgan ei fod yn Dywysog Cymru. Ymledodd yr ymgyrch drwy'r gogledd-ddwyrain. Ar 23 Medi, llosgodd Owain a'i ddilynwyr holl dref Rhuthun i'r llawr, heblaw'r castell. Aethant yn eu blaenau i Ddinbych, i Ruddlan, i'r Fflint ac yna'n ôl i lawr drwy nifer o drefi i'r Trallwng. Ar y dechrau, wrth iddyn nhw ymosod ar Ruthun, criw o rai cannoedd ar y mwyaf oedd yn ymladd dros Owain. Ymosodiadau *guerilla* oedd y rhain, sef ymosod yn galed ac yn gyflym ar un dref ar ôl y llall cyn dianc i ddiogelwch y mynyddoedd.

Roedd Harri IV ar ei ffordd adref ar ôl ceisio goresgyn yr Alban, a throdd ei fyddin i gyfeiriad Cymru. Erbyn 26 Medi, roedd wedi cyrraedd yr Amwythig ac yn barod i ymosod ar luoedd Owain. Arweiniodd ei fyddin o amgylch y gogledd i ddangos ei awdurdod heb dderbyn llawer o wrthwynebiad ac erbyn 15 Hydref, roedd yn ôl yn Amwythig.

Dros y gaeaf, am nifer o fisoedd, roedd yn ymddangos fel pe bai'r gwrthryfel wedi dod i ben ond, ar ddydd Gwener y Groglith 1401, llwyddodd y brodyr o Fôn, Gwilym a Rhys ap Tudur i gipio castell Conwy. Sbardunodd hynny'r gwrthryfel eto, a sgubodd fel tân ar hyd y gogledd. Datblygodd y gwrthryfel yn gyflym i fod yn wrthryfel dros annibyniaeth i Gymru.

CWESTIYNAU DYRYS DYL!

Pa mor waedlyd oedd y brwydrau yma?

Roedd brwydro yn yr Oesoedd Canol, fel ym mhob oes, yn waith arswydus, poenus a dinistriol iawn. Lladdwyd miloedd dros gyfnod y gwrthryfel. Yn ogystal â'r brwydrau, roedd y ddwy ochr yn gyfrifol hefyd am losgi trefi ac am ddifetha adeiladau. Er fod Owain yn canolbwyntio ar gipio cestyll – am fod angen meddiannu'r rheini er mwyn rheoli – a siarad yn gyffredinol, pan fyddai'r trigolion lleol yn gweld Owain a'i fyddin yn agosáu, gallai'r dref ddewis troi i'w gefnogi ac, felly, yn y modd hwnnw, byddai'n bosib osgoi brwydr yn yr ardal honno.

Tua mis Mehefin 1401, ymladdwyd brwydr Hyddgen ar lethrau Pumlumon. Trechodd byddin fach Owain lu mawr o Saeson a Fflemingiaid oedd yn ceisio cyrraedd castell Aberystwyth. Ddiwedd Tachwedd, gyrrodd Owain lythyrau at Robert III, brenin yr Alban, ac at benaethiaid Iwerddon hefyd i ofyn am gymorth. Daeth y flwyddyn honno i ben â Brwydr Twtil ar 2 Tachwedd 1401 rhwng lluoedd Owain ac amddiffynwyr Caernarfon. Ni lwyddodd Owain i gipio castell Caernarfon, ond fe wnaeth yn eglur i'r Saeson fod y gwrthryfel yn fygythiad go iawn i'w cestyll yn y gogledd.

O'r gogledd – o Ynys Môn i'r Fflint i Geredigion – y daeth y gefnogaeth fwyaf ar y dechrau, ond fe drawsnewidiwyd y gwrthryfel yn un cenedlaethol yn 1402. Yn y flwyddyn honno, cipiodd Owain ei elyn, yr Arglwydd Grey o Ruthun, ac enillodd fuddugoliaeth ryfeddol ym Mrwydr Bryn Glas yn ne Powys. Yn dilyn hynny, fe ymledodd y gwrthryfel ar draws Cymru gyfan.

I drefnu'r gwrthryfela yma, roedd angen rhannu llawer o wybodaeth. Sut oedd hynny'n digwydd?

Y ffordd gyflymaf i deithio o le i le oedd ar gefn ceffyl. Roedd y Cymry brodorol yn adnabod eu gwlad ac yn gwybod sut i osgoi rhwystrau ac, oherwydd hynny, byddai modd sicrhau bod newyddion yn lledaenu ar hyd y wlad yn gyflym. Mae rhai o lythyrau Owain at ei gefnogwyr wedi goroesi, ac roedd y beirdd hefyd yn chwarae rhan yn y gwaith o ledaenu gwybodaeth, mae'n siŵr. Yn ôl yr Athro Gruffydd Aled Williams, mae'n debygol fod un gerdd gan Iolo Goch wedi goroesi o gyfnod y gwrthryfel ei hun. Mae'r cywydd yn dangos rhwystredigaeth â'r drefn Seisnig ac yn mynegi awydd mawr i gael Cymro i reoli Cymru. Dechreua'r cywydd fel hyn: 'Llyma fyd rhag sythfryd Sais', hynny yw, dyma fyd truenus oherwydd pa mor drahaus yw'r Saeson. Aiff yn ei flaen i ddweud:

> Mynych iawn y dymunais
> Cael arglwydd, llawn awydd llain,
> Ohonom ni ein hunain.

Mae'n dangos yn eglur yr hyn oedd y tu ôl i'r gefnogaeth yma i Owain, sef bod y bobl eisiau rhywun i'w rheoli oedd yn siarad yr un iaith ac yn perthyn i'r un genedl â nhw. Mae'n bosib y gallai cerdd fel hon ddod yn boblogaidd yn ystod y gwrthryfel a'i bod yn gyfrwng i ysbrydoli.

Pwy oedd cefnogwyr Owain?

Ar ddechrau'r gwrthryfel, cefnogwyr Owain oedd ei deulu, ei gyfeillion a'i gymdogion agosaf. Yn fuan iawn, lledaenodd y gefnogaeth iddo i bob rhan o Gymru ac i bob rhan o'r gymdeithas. Roedd nifer o eglwyswyr (rhai cyffredin a rhai dylanwadol) yn ei gefnogi, ac roedd nifer o uchelwyr, dynion fel Owain ei hun, yn ei ddilyn hefyd. At hynny, dychwelodd myfyrwyr a gweithwyr amaethyddol o Loegr i ymladd gydag o. Yn ddiddorol,

roedd llawer o gefnogwyr Owain yn bobl oedd wedi symud i Gymru yn sgil y goncwest. Un dyn diddorol arall oedd yn cefnogi Owain oedd Crach Ffinnant, sy'n cael ei ddisgrifio fel ei broffwyd.

Roedd gan Owain hefyd ddawn i uno pobl, ac roedd o'n effeithiol iawn wrth fanteisio ar wendidau'r brenin Harri IV. Yn y cyfnod hwn, roedd brenin Lloegr yn wynebu nifer o drafferthion, a'r hyn a lwyddodd Owain i'w wneud oedd manteisio ar hynny drwy gael rhai o arglwyddi Lloegr i'w gefnogi. Un o'i gefnogwyr oedd Edmwnd Mortimer – gŵr pwerus iawn oedd yn perthyn i deulu brenhinol Lloegr. Mi briododd Mortimer un o ferched Owain, sef Catrin. Ar 28 Chwefror 1405, arwyddwyd Cytundeb Tridarn rhwng Owain, Mortimer a Henry Percy, Iarll Northumberland. Roedd y cytundeb hwnnw'n rhannu Cymru a Lloegr rhwng y tri fel penaethiaid sofran, annibynnol. Golygai fod Owain yn cael Cymru a gorllewin Lloegr, ac roedd gogledd a de Lloegr dan reolaeth y ddau arall. Y syniad oedd y byddai hynny'n sicrhau na allai Lloegr herio Cymru eto.

Owain, y Cymro Ewropeaidd

Cynha.iodd Owain dair senedd. Yn 1404, cynhaliodd y senedd gyntaf ym Machynlleth, a chynhaliwyd un arall yn 1405 yng nghastell Harlech. Yn y seneddau hyn, sefydlodd i bob pwrpas wladwriaeth newydd i Gymru. Anfonodd wŷs i bob cwmwd yng Nghymru i anfon pedwar dyn i gynrychioli'r cwmwd yn y senedd, a thrafodwyd gwahanol faterion gan ddod i gytundeb ar y cyd – fel materion cynghreirio, er enghraifft. Roedd gan Owain weinyddiaeth broffesiynol: roedd wedi ei goroni'n dywysog Cymru, roedd ganddo senedd a changhellor, sef Gruffudd Yonge, ynghyd â dogfennau swyddogol a llysgenhadon, fel Siôn Trefor, oedd yn mynd ar ei ran i drafod â brenhinoedd ar draws Ewrop. Yn sicr, roedd Owain yn arweinydd modern a radical, ac roedd ganddo'r gallu i drawsnewid Cymru'n wladwriaeth oedd yn datblygu'n naturiol fel gwladwriaethau eraill ar hyd a lled Ewrop.

Gwelai Owain le i Gymru mewn cyd-destun Ewropeaidd. Cafwyd cytuneb rhyngddo a Siarl VI, brenin Ffrainc, ac anfonwyd mwy nag un fyddin Ffrengig i Gymru er mwyn cefnogi'r gwrthryfel. Derbyniodd gefnogaeth hefyd o Gastîl, un o deyrnasoedd Sbaen, ac fe fu mewn cyswllt â brenin yr Alban ac arglwyddi yn Iwerddon.

Amlygir natur Ewropeaidd y gwrthryfel yn glir yn Llythyr Pennal. Roedd rhwyg yn yr Eglwys ar y pryd ac roedd dau bab yn Ewrop – un yn Rhufain oedd yn derbyn cefnogaeth brenin Lloegr, a phab arall yn Avignon oedd yn derbyn cefnogaeth brenin Ffrainc. Ysgrifennodd Owain ddogfen, a elwir yn Llythyr Pennal, at Siarl VI yn 1406. Yn y llythyr, noda gefnogaeth Cymru i bab Avignon yn hytrach nag i bab Rhufain. Dengys y llythyr hefyd weledigaeth Owain ar gyfer Cymru. Sonia

Llythyr Pennal

ei fod am gael Eglwys i Gymru ar wahân i Eglwys Loegr, un â'i harchesgob yn Nhyddewi, ac roedd yn dymuno hefyd i glerigwyr Cymru fedru Cymraeg. At hynny, sonia ei fod am sefydlu dwy brifysgol yng Nghymru – un yn y de ac un y gogledd.

Beth achosodd gwymp y gwrthryfel?
Erbyn 1405, roedd Owain i bob pwrpas yn Dywysog Cymru ac yn rheoli'r wlad bron i gyd. Roedd ei gefnogaeth wedi tyfu fel caseg eira – aeth nifer y milwyr yn ei fyddin o gannoedd i filoedd. Doedd gan frenin Lloegr ddim awdurdod yng Nghymru erbyn hyn.

Ond achosodd nifer o wahanol ddigwyddiadau dros ychydig flynyddoedd i'r gwrthryfel fethu. Ar y naill law, roedd Owain yn parhau i ennill brwydrau ond, ar y llaw arall, mi gollodd rai tyngedfennol hefyd. Ym mis Mawrth

1405, cafwyd ymosodiad aflwyddiannus ar dref a chastell y Grysmwnt; trechwyd ei fyddin o tua 8,000 o wŷr Gwent a Morgannwg gan fyddin gref a anfonwyd o Henffordd i godi'r gwarchae. Ym mis Mai'r un flwyddyn, gorchfygwyd byddin Owain ym Mrwydr Pwll Melyn gerllaw Brynbuga, ym Mynwy. Lladdwyd ei frawd, Tudur, yn y frwydr honno, a chymerwyd ei fab, Gruffudd, yn garcharor.

Fodd bynnag, roedd pethau'n parhau i edrych yn addawol i Owain. Yn gynnar ym mis Awst cynhaliwyd ail senedd Owain yn Harlech, a chyrhaeddodd byddin Ffrengig o ryw 2,500 o wŷr arfordir Aberdaugleddau i gynorthwyo Owain. Ymunodd cefnogwyr Owain â nhw, a chipiwyd tref Hwlffordd, ond nid y castell, yna cipiwyd trefi a chestyll Caerfyrddin ac Aberteifi. Erbyn diwedd Awst, roedd byddin Owain gerllaw Caerwrangon yn wynebu byddin y brenin. Nid oedd yr un o'r ddwy fyddin yn barod i ymosod ac, ymhen wythnos, enciliodd byddin Owain. Ymosododd y brenin ar Forgannwg, ond roedd y tywydd yn arw, a bu raid iddo yntau encilio.

Dros y blynyddoedd nesaf, cynyddodd llwyddiannau brenin Lloegr a lleihaodd rhai Owain, gan arwain at golli cefnogaeth yn raddol yn y de-ddwyrain a'r gogledd-ddwyrain, ac yna mewn rhannau eraill o'r wlad wrth i'r llanw droi yn ei erbyn.

Yn gyffredinol, doedd gan Gymru ddim digon o gyfoeth nac adnoddau i gystadlu â Lloegr. Gallai Lloegr wario ar arfau ac roedd ganddynt fyddinoedd anferth hefyd. Ymosododd byddin Lloegr a chipio lleoliadau oedd yn cynhyrchu bwyd i Gymru, er enghraifft, Ynys Môn, oedd yn enwog drwy'r Oesoedd Canol am ei gallu i gynhyrchu llawer o fwyd – fe'i gelwir, wedi'r cyfan, 'Môn, mam Cymru'. Yn 1406, gorfododd brenin Lloegr gefnogwyr Owain ar Ynys Môn i ddod i Fiwmares i dalu dirwy am ei wrthwynebu. Ceir dogfen sy'n cynnwys enwau 2,000 o bobl a dalodd y ddirwy, a cheir rhestr enwau'r rhai a wrthododd wneud hefyd.

Roedd Cymru ar ei chryfaf pan fedrai sicrhau cymorth o'r tu allan, ond llwyddodd brenin Lloegr i gael gwared ar nifer o'r arglwyddi oedd yn cefnogi Owain. Roedd ansefydlogrwydd gwleidyddol yn Ffrainc, lle roedd y brenin yn dioddef pyliau o salwch meddwl, ac roedd hynny'n golygu fod y gefnogaeth gan Ffrainc yn pallu wrth i'r Ffrancwyr geisio cael cyfnod o heddwch â Lloegr.

Erbyn 1409, roedd cadarnleoedd pwysig Harlech ac Aberystwyth wedi eu colli. Roedd hynny'n ergyd filwrol i Owain, ac yn ergyd bersonol hefyd. Yn Harlech oedd ei deulu ac, yn sgil colli'r castell, fe garcharwyd ac fe laddwyd nifer ohonynt. Bellach roedd ei wraig, ei fab hynaf, ei ferch Catrin a sawl un o'i wyrion mewn carchar yn Lloegr ac, o fewn ychydig flynyddoedd, roeddent i gyd wedi marw.

Cafwyd rhai cyrchoedd ac ymosodiadau ar ôl hyn, parhawyd i gysylltu â Ffrainc a pharhaodd Gruffudd Yonge a Siôn Trefor i geisio sefydlu cytundebau. Ond erbyn 1415, roedd y gwrthryfel mewn gwirionedd ar ben.

Cynigiodd y brenin bardwn i Owain sawl gwaith, ond gwrthod wnaeth Owain bob tro, ac fe ddiflannodd o'r cofnodion.

Nid yw'n gwbl hysbys i ble'r aeth i fyw wedyn nac ym mhle y bu farw, ond mae'n debygol, yn sgil ymchwil ddiweddar gan yr Athro Gruffydd Aled Williams, ei fod wedi treulio'i flynyddoedd olaf ar aelwyd un o'i ferched yn sir Henffordd. Ni fradychwyd Owain erioed, ac mae hynny'n dweud llawer iawn am ei gymeriad a'r parch mawr tuag ato.

Ogof Owain Glyndŵr, Tonfanau

Gwaddol Owain

Roedd gwaddol Owain yn fuan ar ôl methiant y gwrthryfel yn amwys iawn. Achosodd y brwydro ddifrod mawr, a bu farw llawer iawn o bobl. Gwaethygodd pethau i'r Cymry bron yn syth, yn sgil cyflwyno cyfreithiau gwrth-Gymreig gan Harri IV. I rai teuluoedd cyfoethog, daeth y gwrthryfel â'u hawdurdod i ben. Cafodd eraill bardwn. Ceir sôn am ddynion ar herw am ddegawdau wedi'r gwrthryfel ond, i raddau helaeth, bu'n rhaid rhoi gobeithion Owain o ran sefydlu gwladwriaeth annibynnol i'r naill ochr. Roedd ei ddelfrydau, ar y llaw arall, yn parhau, ac roedd y beirdd yn arbennig yn dal i gyfeirio'n ganmoliaethus at 'Owain y Glyn' am genedlaethau wedyn. Dri chwarter canrif yn ddiweddarach, daeth perthynas i Owain, Harri Tudur, yn frenin Lloegr. Teimlai rhai Cymry eu bod wedi llwyddo i wireddu'r hen broffwydoliaethau, am fod Cymro'n rheoli Cymru bellach. Er nad oedd Cymru'n annibynnol, yn sgil y Deddfau Uno dan awdurdod y Tuduriaid, cafodd y Cymry fwy o hawliau nag o'r blaen, a chafodd Cymru ei thynnu i mewn i wladwriaeth Lloegr.

Parhau wnaeth y cof am Owain yng Nghymru ac, yn wir, y tu hwnt i'r wlad. Gwnaeth Shakespeare Owain yn gymeriad yn ei ddrama *Henry IV, Part 1*, gan ei ddarlunio fel dewin a fedrai reoli'r tywydd. Roedd yn amlwg, felly, fod portreadau gwahanol ohono'n dechrau datblygu. Yng Nghymru, tyfodd i fod yn arwr gwerin. Hyd heddiw, cysylltir enw Owain â gwahanol goedwigoedd ac ag ogofâu ar hyd a lled y wlad, a cheir llu o straeon gwerin amdano. Yn wir, bron nad yw wedi cymryd lle Arthur fel yr arwr chwedlonol a fydd yn dod yn ôl, ryw ddydd, i'n harwain.

Yn sicr, am ychydig flynyddoedd, gwireddodd Owain ei freuddwyd: safodd Cymru ar ei thraed ei hun, ac roedd ei phobl eu huno o dan awdurdod un arweinydd cenedlaethol. Plannodd Owain weledigaeth o Gymru annibynnol.

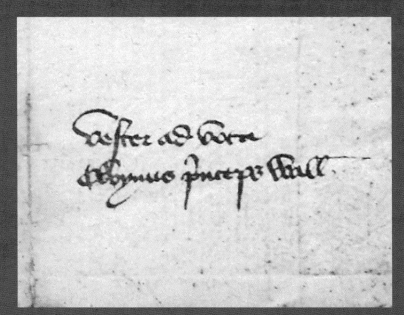

Teitl Swyddogol Owain

www.ylolfa.com